《출애굽기》

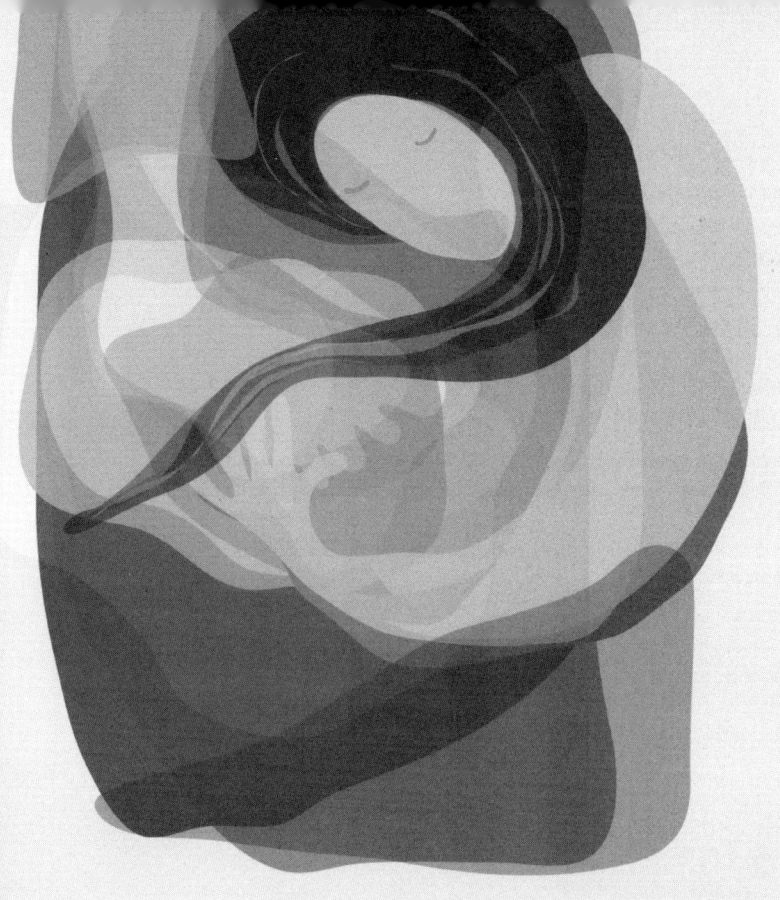

잔느귀용의 묵상집
출애굽기
EXODUS

Explanation and Reflections regarding the Deeper Christian Life

보다 깊은
그리스도인의 삶에 관한
해설과 묵상

Originally published in the U.S.A
under the title

Exodus

by Jeanne Guyon

All new Material contained in this book
copyright MCMLXXXV
Published by the SeedSowers
P.O. Box 3317 Jacksonville, FL 32206

Korean Translation Copyright ⓒ 2005 by Pure Nard
2f 16, Eonju-ro 69-gil Gangnam-gu, Seoul, Korea

The Korean edition is published by arrangement with the SeedSowers.
All rights reserved.

본 저작물의 한국어판 저작권은 The SeedSowers와의 독점 계약으로
'순전한 나드' 가 소유합니다. 저작권자의 허락 없이 이 책의 일부 또는 전체를 무단
복제, 전제, 발췌하면 저작권법에 의해 처벌을 받습니다.

잔느귀용의 묵상집
출애굽기
EXODUS

초판발행	2005년 8월 10일
6쇄발행	2019년 2월 1일

지은이	잔느 귀용
옮긴이	이동화
펴낸이	허철
펴낸곳	도서출판 순전한나드
총괄	허현숙
등록번호	제2010-000128
주소	서울시 강남구 언주로69길 16, (역삼동) 2층
도서문의	02)574-6702 fax. 02-574-9704
홈페이지	www.purenard.co.kr
인쇄소	예원프린팅

Printed in Korea

ISBN 978-89-91455-15-3 03230

잔느귀용의 묵상집

보다 깊은 그리스도인의 삶의 관점으로 본
출애굽기 연구

A study of Exodus from the viewpoint
of the deeper Christian life

PURE NARD

전노 귀웅의 묵상집 ● Exodus_출애굽기

1장 11
2장 18
3장 27
4장 36
5장 40
6장 45
7장 49
8장 51
10장 53
11장 55
12장 57
13장 71
14장 75
15장 81
16장 89
17장 94
18장 97

19장	99
20장	108
23장	116
24장	118
25장	122
26장	125
27장	127
28장	128
29장	131
31장	133
32장	135
33장	152
34장	167
35장	172
36장	178
40장	181

A Study of Explanation and Commentary of the Deeper Christian life

Note

이 책의 각 장은 '출애굽기'의 장과 일치합니다.
잔느 귀용의 출애굽기 주석은
9장, 21장, 22장, 30장, 37장, 38장, 39장을 제외한
나머지 모든 장의 주석이 전해지고 있습니다.

• • •

Acknowledgement

출애굽기는 20세기 초에 영어로 출간된 후
거의 백 년 동안 절판 상태였습니다.
우리는 구판을 다시 찍느니
차라리 이해하기 쉬운 현대 영어로
새롭게 개정한 판을 내기로 마음먹었습니다.
완전히 새로운 이 책을 읽고 누리게 된
우리 모두는 이 까다로운 작업에 힘써 주신
캘리포니아의 'Ann Witkower' 님께 진심으로 감사드립니다.

잔느 귀용의 묵상집
Exodus_출애굽기

　하나님은 교회 역사 전반에 걸쳐 그분 앞에 자기 삶을 내어 드린 수많은 사람들의 본을 보여 주셨습니다. 그러나 또한 한 민족 전체, 곧 한 나라를 본으로 삼으셔서 장차 올 모든 세대들이 **어떻게** 그와 동일한 자기 포기의 길을 걸어가야 할지 분명하게 보여 주셨습니다. 만약 **당신**이 이런 내적인 삶을 살도록 부름 받았다면, 이 민족이 경험했던 것과 동일한 포로 기간과 모든 역경을 통과해야 한다는 것을 알아야 합니다.

　요셉이 살아 있을 때, 이 민족보다 더 번영한 나라가 있었습니까? 왕국의 가장 좋은 것들이 모두 그들의 손에 있었습니다. 그러나 아시다시피 이 나라는 포로가 되었습니다.

믿는 자는 유다와 다를까요? 아니요, 결코 그렇지 않습니다.

담대하게 영적인 길을 걸어가는 성도는 누구나 이루 말할 수 없는 기쁨을 누리게 될 것입니다. 그러나 하나님이 당신에게 베풀어 주시는 또 다른 은혜가 있을 것입니다. 하나님은 그분의 신실한 자녀 모두에게 은혜를 약속하셨습니다.

하나님은 그들이 사로잡힘(포로)의 기간을 통과하게 하십니다.

예수 그리스도는 주저하지 않고 이것을 경험하셨습니다. 그분은 자기를 포기한 모든 사람들 가운데 으뜸이셨지만, 이 **사로잡힘**의 기간을 면제받지 않으셨습니다. 그러므로 **당신**이 면제 받는 일은 없을 것입니다. 아버지의 가슴속에 숨겨져 있는 모든 기쁨에서 나오는 것, 곧 최고의 포로가 되는 것이 주님을 기쁘게 해 드렸다는 것을 항상 기억하십시오.

또 오래전에 히브리 족장들도 이와 같은 길을 갔다는 것을 기억하십시오. 기쁨과 즐거움, 그리고 **사로잡힘**의 기간! 새 언약(신약)의 초기 성도들이 나타났고, 그들은 족장들과 그들의 거룩하고 신령한 본이 되신 예수 그리스도의 길을 따라갔습니다.

그러나 당신은 '왜 우리 모두가 이 길을 지나가야 하는가? 우리를 다 불행하게 하려는 것인가?' 하고 질문할 것입니다. 물론 그렇지 않습니다. 기쁨은 포로 기간 **이후에 펼쳐지는** 땅, 곧 아브라함의 땅에서 약속되었습니다. 그 땅은 무엇입니까? 그 땅은 바로 **하나님**을 소유하는 것입니다. 아, 그러나 그 땅을 소유하려면 얼마나 많은 일들을 이루어야 하는지요! 거기에는 따르는 고통이 있음을 알게 될 것입니다!

바로(파라오)를 보십시오. 하나님은 그분의 신실한 히브리인들을 포로 기간으로 들여보내시려고 이 사람을 사용하셨습니다. 우리 주님은 바로 한 사람만 사용하신 것이 아닙니다. 바로는 **감독들**도 데리고 있었습니다. 이 애굽인들은 모두 **무거운 짐을 지워** 하나님의 백성들을 제압했습니다. 그들은 이 백성들을 억압하며 이들이 숫적으로 강해지는 것을 막으리라 생각했습니다. (그리스도인의 과도한 짐을 주의하십시오.)

오늘날도 이와 같은 것이 사실입니다. 인류 역사 전반에 이러한 **내적** 삶을 종식시키려고 결단하는 강한 권세나 세력들이 일어났습니다. 그들은 핍박하고, 큰 소리로 위협하며, 그들의 손에 있는 것은 무엇이든 사용합니다. 아, 그러나 내적 생명이 **가장** 풍성해지는 것은 바로 이 순간입니다. 그리고 그 결과는 어떻습니까? 이와 같은 세력들이 내적인 삶에 반대되는 것을 더 가르치고 학대할수록, 더 많은 이들이 이 길에 동참하는 것을 보게 됩니다. 핍박이 내적인 길을 가는 사람들을 세우고 증가시키는 것입니다.

어둠의 세력들은 무거운 짐을 지워 당신을 괴롭히고 견딜 수 없을 만큼 고역을 가중시키려고 서로 연합합니다. 그러나 영혼의 고뇌가 깊어지고 연약함을 더 많이 경험할수록, 종려나무처럼 그 사람 안에서 하나님의 어떤 것이 더 많이 일어납니다. 그리고 이 생명은 자체적으로 자라납니다.

하나님의 백성에게 가장 견디기 힘든 핍박은, 그들이 하나님의 만찬에 부름 받은 것을 알면서도, 이 세상의 일에 힘쓰느라 삶을 허비하는 것입니다. 이런 성도들은 이 땅의 일은 결코 아무 열매도 맺지 못한다는 것을 알고 있습니다. 그러나 그들은 이 세상에 있고, 이미 철저하게 세상적이 되었습니다.

이때 내적인 삶을 사는 사람들은 원수들의 조롱을 받습니다. 애굽 사람들은 하나님의 백성들이 대단히 아끼고 사랑하던 것들을 두고 자기들을 위한 성읍을 건축하기 위해 강제로 끌려가는 모습을 봅니다.

핍박은 도를 지나쳐 증오하고 노예로 만드는 수준을 넘어섰습니다. 애굽 사람들은 이 백성의 출산을 막으려 합니다. 불행히도 참된 신앙을 가졌다고 인정 받는 사람들이, 즉 영적으로 진보했다고 인정 받는 사람들이 초신자들을 내적인 길에서 돌아서게 하려고 최선을 다합니다. 그들은 왕 같은 사람들입니다. 그리고 하나님이 우리 영혼들의 목자로 세우신 자들입니다. 그러나 그들이 오히려 그 영혼을 대적합니다. 그들은 성도들이 하나님과의 가장 위대한 교제에 들어가지 못하게 방해합니다. 또 이런 행태가 잘못이라고 생각하지 않는 종교 지도자들은 그것을 제재하지도 않습니다. 그렇게 하면서 많은 사람들을 진리와 빛에서 멀어지게 합니다. 그리고 이 빛이 절실히 필요한 어린 성도들이 예수 그리스도께 가까이 나아가지 못하게 가로막습니다. 이런 훼방꾼들은 천국에 들어가지 못할 뿐만 아니라, 다른 사람들도 들어가지 못하게 합니다.

애굽인들이 다름 아닌 '남자아이'를 노린다는 사실에 주목하십시오. 여기서 '남자아이'는 담대한 믿음의 사람(그는 남자일수도 여자일수도 있습니다), 기꺼이 자기를 포기한 자들을 상징합니다. 당신은 살아가는 동안, 주위에 있는 사람들이 평화롭게 지낼 수 있게 기꺼이 배려하는 사람들을 보게 될 것입니다. 그런 사람들이 하나님을 향한 사랑에 **양보하며** 살아간다면 얼마나 좋겠습니까! 사실 그런 지도자들은 이와 같은 자들과 함께 있는 것을 좋아하며, 그들을 평생 곁에 두고 싶어 합니다.

그러나 애굽 사람들은 하나님께 **전적으로 헌신된 자들**, 곧 **내적인 삶에 전념하는 자들**이 번영하는 모습을 보고 싶지 않습니다! 그들은 이런 사람들이 존재하지 않는다면, 훨씬 더 기뻐할 것입니다. 사람들은 그런 사랑과 삶의 모습을 참을 수 없어합니다.

그러나 하나님의 백성을 멸망시키려는 조짐이 보이면, 위로와 힘을 주는 일이 일어납니다. 하나님의 사랑을 뿌리 뽑으라는 명령이 내려졌지만, 애굽인들 가운데 일부가 이 행복한 상태에 설득되어 넘어왔습니다. 그들은 하늘의 삶을 **보호하기** 위해 힘을 다합니다. 그가 남자든 여자든 순전한 **마음**을 가졌기 때문에 설득된 것입니다. 복잡하고 재능 있고 지혜로운 사람들 사이에는 이런 일이 거의 없는데, 그들이 종교적인 경우에는 특별히 더 그렇습니다.

하나님이 가장 특별하게 여기시는 백성들의 멸망을 막은 이들은 바로 순전한 **산파들**이었습니다. 그리고 하나님의 자녀들을 보호한 이 순전한 산파들의 '집안은 번성하고 강해졌습니다.' 하나님이 부르신 자들을 보호한 이들에게는 하나님의 영이 보상하고 갚아 주십니다.

애굽인들은 핍박하고 노예로 만드는 것에 만족하지 못했습니다. 하나님의 원수가 원하는 것은 결국 죽음이었습니다. 바로는 남자아이가 태어나거든 모두 강에 던져 버리라는 명령을 내렸습니다. 온전히 하나님께 속한 자들을 강에 던지든지, 끔찍한 위험에 노출시키라는 것입니다. 도대체 무슨 이유로 이런 위험이 닥치는 걸까요?

그것은 유혹 때문입니다! 억지로 세상의 길을 따르게 하려는 것입니다! 하나님의 백성 가운데 들어온 불신과 두려움 때문에 결국 그분의 귀중한 성도들이 흩어지거나 사라집니다. 때로는 사람의 평판만 망가집니다. 그러나 모두가 지극히 위험한 상황들입니다. 이와 같은 '강들'이 **당신**을 기다리고 있습니다.

이 땅에서 살아가는 동안, 당신은 오직 '남자아이'만 해를 받는다는 사실에 주목하게 될 것입니다. 나머지 사람들은 버려지거나 핍박당하거나 강에 던져질 위험이 없습니다. 그들은 안전합니다. 그들의 **깊이 없는** 삶 때문에 안전할 수밖에 없습니다. 그들이 핍박당하거나 비방을 받는 일은 거의 없습니다.

반면 당신은 이런 사람들이 다른 이들을 파멸시키기 위해 **높임을 받는** 것을 보게 될 것입니다.

잔느 귀용의 묵상집
Exodus_출애굽기

모세의 출생과 구출은 우리에게 무엇을 보여 줍니까?

하나님의 백성을 이끌 자는 하나님의 자녀로 태어납니다! 우리는 무시무시하고 혹독한 상황에 내몰리듯 버려진 한 아이가 어느 날 하나님의 백성을 이끌 목자의 위치에 서게 될 것을 확신할 수 있습니다. 모세의 어머니는 그를 죽음에서 숨겼습니다. 그렇습니다. 이것은 놀랍게도 예수 그리스도를 상징합니다. 우리는 세상의 구주로 오신 주님이 모세의 전례를 따르셨다는 것을 기억해야 합니다.

모세의 어머니를 자세히 살펴봅시다. 그녀는 압도적인 세력과 마주하게 됩니다. 이성은 '순복하라'고 말하지만, 그녀는 하나님만 신뢰하기로 선택합니다. 그녀는 아들을 **포기하고** 강물에 떠내려 보냅니다. 저 강물이 그에게 자비를 베풀어 줄지 그 반대일지는 알 수 없습니다.

극도로 위험한 상황에 처할 때 우리는 참된 포기를 이해할 수 있습니다. 그리고 하나님은 바로 그런 순간에 그분의 선하심과 예정하심(섭리)을 보여 주시는 경우가 많습니다. 또 때로는 **지극히 위험한 상황에** 상상도 못할 기적들을 보여 주십니다.

모세가 강에 던져지는 모습을 지켜보십시오. 그는 물살에 휩쓸리게 될까요? 이 아이에게 무슨 소망이 있을까요? 그대로 물에 빠져 죽는 것은 아닐까요? 그렇습니다. 죽을 수밖에 없는 상황처럼 보입니다. 그가 타고 있는 작은 배(상자)는 움직이는 관에 불과합니다. 그러나 하나님이 그를 이 죽음의 관에서 끌어올려 주십니다.

여기 요람에서부터 하나님의 예정하심 가운데 있었던 사람이 있습니다. 그의 요람은 그의 무덤이 될 뻔했습니다. 우리는 이 요람을 그의 관이라고 해야 할까요, 아니면 그 관이 그의 요람이었다고 해야 할까요? 어쩌면 후자가 더 맞는 말일지도 모릅니다. 그는 삶이 시작되면서부터 하나님이 예정해 놓으신 지극히 좁은 길을 통과해야 했고, 죽음의 위기 가운데 살아남아야 했습니다.

모세가 강물에 놓인 바로 그 순간, 바로의 딸이 강가로 왔다는 사실이 흥미롭습니다. 때로 하나님은 우리에게 사형을 선고한 사람들을 사용하여 우리의 생명을 구해 주십니다.

만일 한 아이가 하나님의 예정하심 가운데 태어난 다음 버려졌다면, 그것은 하나님이 사용하시는 작은 사건에 불과할 것입니다. 그러나 그의 삶에 예정되어 있는 것들이 그의 생애 내내 이어질 것입니다.

바로(의 딸)는 그들의 모자 관계를 전혀 모른 채, 모세의 생모를 유모로 택합니다. 우리는 여기서 바로 이 진리를 깨달을 수 있습니다. 우리 하나님은 정말 놀라우신 분입니다! 그런데 왜 그분을 신뢰하지 않니까?

이제 모세가 이 세상의 궁정에서 자라는 것을 주의해 보십시오. 그는 세상 궁정의 화려함과 그것의 위험성을 알고 있습니다. 장성한 그는 이러한 '애굽'의 삶을 살 것인지, 아니면 그것을 떠날 것인지 선택해야 합니다. 외관상 모세는 애굽인처럼 보입니다. 그리고 공주의 아들로 여겨집니다. 그러나 그의 마음은 히브리인입니다. 보물은 안쪽에 감추어져 있습니다. 그러므로 이 사람 안에는 생각보다 더 많은 보물이 있습니다.

바울은 말합니다. "무릇 표면적 유대인이 유대인이 아니요, 표면적 육신의 할례가 할례가 아니니라. 오직 이면적 유대인이

유대인이며 할례는 마음에 할지니, 영에 있고 율법 조문에 있지 아니한 것이라. 그 칭찬이 사람에게서가 아니요. 다만 하나님에게서니라"(롬 2:28-29).

여기서 우리는 또다시 모세에게서 그리스도의 모습을 발견합니다. 겉으로 보기에 모세는 한 사람에 불과했지만, 그 내면에는 참된 하나님의 어떤 것이 있었습니다.

예수 그리스도는 그 모습이 **죄인들과 닮았지만**, 그분은 지성소(지극히 거룩한 곳)였습니다.

여기에 한 가지 교훈이 있습니다. 우리는 외모로 판단받지 않습니다. 사람의 길과 운명을 결정하는 것은 그의 **내면 깊은 곳**에서 일어나고 있는 일입니다.

그러나 바로의 궁정에서 왕자로 지내던 사람이 "밖으로 나가는 길"을 찾을 수 있을까요?

우리는 모세가 바로의 집에서 설 자리를 잃어가는 모습을 보게 됩니다. 그런데 왜, 무엇 때문에 그렇게 되었습니까? 근본적으로 모세가 목자의 마음을 지닌 자였기 때문입니다. 그는 하나님의 백성 가운데 한 명을 돌보는 자리에 있습니다. 모세 안에는 신실함이 있습니다. 하나님의 양 떼에 대한 관심과 애정이 있습니다. 조심하십시오. 하나님의 영적 백성에 대한 참된 관심과 애정 때문에 큰 어려움을 겪게 될 수도 있습니다. 모든 특권을 박탈당할 수도 있습니다!

모세는 광야로 쫓겨납니다. 그는 애굽에서 나오자마자 광야로 갔습니다!

다시 한 번 진리를 수호하자 공공연한 원수들의 핍박이 이어졌습니다. 여기에는 **예외가 없습니다.** 모세 이후의 어느 누구도 여기서 제외되지 않을 것입니다.

우리는 지금 모세가 달아나는 모습을 봅니다. 그는 내적 성도의 삶에 참여하고 있습니다. 의를 위해 핍박 당하고 있습니다. 그런데 그 외에 무엇이 더 있습니까? 모세는 광야에서 작은 양 떼를 치는 목자가 됩니다. 우리는 이것이 모세를 향한 하나님의 거룩한 계획임을 듣게 됩니다.

모세는 광야에서 무엇을 하고 있습니까? 그는 양들에게 물을 먹이고 있습니다. 모세는 어느 특별한 무리의 목자가 아니라, 모든 양들의 목자입니다. 그는 양들을 보호했고, 지금은 물을 먹이고 있습니다. 예수 그리스도의 본을 따르는 참된 목자들은 모두 이와 같습니다. 그들은 주님께 속한 자들에게 마실 물을 주고, 그들을 주의 원수들로부터 지킵니다. 원수들이 물을 마시지 못하게 방해하더라도, 양들이 마음껏 마실 수 있는 물이 거기에 있는지 확인합니다.

광야에는 양들이 물을 마시지 못하게 방해하는 불의한 목자들이 있었습니다. 그러나 목자인 모세는 그들에게 물을 줍니다. 만약 당신이 하나님께 자기를 내어 드린 사람이라면, 기대해도 좋습니다. 주님은 당신의 삶에 모세와 같은 사람을 보내주셔서 광야에서 물을 주시고, 압제에서 그리고 양들이 **물에 이르지 못하게 방해하는** 무지한 목자들에게서 구해주실 것입니다.

하나님께 자기를 내어 드린 사람들은 어떤 고난을 당하더라도 믿음을 지키기만 하면, 결국은 물을 **찾게** 될 것입니다. 그들은 하나님의 신실하심을 발견하게 될 것입니다. 하나님은 그들에게 그분의 길을 가르쳐 줄 사람을 보내 주실 것입니다.

이제 우리는 광야에서 모세의 도움을 받은 여인들이 아버지에게 돌아가서 자기들에게 있었던 일을 말씀드렸다는 것을 알게 됩니다. 여기서 각 사람이 어떻게 해야 하는지 깨닫게 됩니다. 그것은 우리의 근원이신 아버지께 돌아가야 한다는 것입니다. 선한 목자는 우리에게 깨끗한 물을 주고, 우리가 하나님 아버지께 나아가게 해줍니다.

이제야 하나님의 뜻이 분명히 드러납니다. 모세의 도움을 받은 여인들의 아버지는 그를 집으로 초대했습니다. 여기서 모세는 자신의 부르심과 믿음을 함께 나눌 동반자 십보라를 만나게 됩니다. 그녀는 모세와 함께 저 영적 세대를 세우는 데 공헌하게 될 것입니다. 모세가 하나님의 백성들을 이끌 시기가 될 때까지 은둔했던 곳이 바로 여기입니다. **참된 광야의 목적은 이와 같습니다.**

이제 자녀를 출산하는 십보라를 자세히 살펴봅시다. 그(녀)는 아들인 엘리에셀을 낳고, 즉시 하나님을 찬양했습니다. "내 아버지의 하나님이 나를 보호하사 바로의 손에서 나를 구해주셨다."

하나님의 자녀가 모든 것을 그분이 섭리하신 덕분으로 여기는 모습에서 우리는 그 사람의 마음속을 들여다보게 됩니다. 자녀를 낳고 번성하는 것은 물론, 우리의 모든 것이 하나님의 손에서 나옵니다. 그것을 알고 살아갈 때, 하나님을 향해 참된 깨달음을 보여 드리는 것입니다. 살아 있는 믿음으로 하나님의 길이 정의로우며 그분이 우리를 돕고 후원하신다는 것을 인정하는 것입니다.

2장은 우리에게 많은 것을 가르쳐 주는 매우 인상 깊은 장면으로 끝을 맺습니다. 모세는 광야에서 하나님의 양육을 받고 있습니다. **그러나 애굽에 있는 하나님의 백성은 이 사실을 알지 못합니다!**

바로가 죽었습니다. 어쩌면 백성들은 이때 구원을 기대했을지도 모릅니다. 그러나 결코 구원은 임하지 않습니다. 그들의 신음이 높아집니다. 그들은 고된 노동에 시달리며 하늘을 향해 부르짖습니다. 그러나 하나님은 듣지 않으시는 것 같습니다. 정말 그렇습니까? 아닙니다. 하나님은 분명히 들으셨습니다! 보이지는 않지만 그 순간에도 그분은 응답하고 계셨습니다. 하나님은 아브라함과 맺은 언약을 **기억하셨습니다**! 그분은 때가 되면, 이스라엘에게 자비를 베푸실 것입니다.

하나님이 당신과 언약을 맺으셨다는 사실을 기억하십시오. 그리고 이 땅에서 무슨 일을 당하든지, **하나님은 그 언약을 결코 잊으신 적이 없다**는 것을 명심하십시오.

애굽에 있는 하나님의 백성들은 우리에게 세 가지를 말해 줍니다. 그들은 믿음의 백성이며, 완전한 희생의 백성이고, 온전히 자기를 내어 드린 백성입니다.

아브라함은 **믿음**의 조상이고, 이삭은 순수한 **희생**의 사람이었습니다. 그리고 야곱은 노년에 철저하게 자기를 **내어 드렸습니다**(자기 포기). 만일 당신이 내적인 길을 가려 한다면, 다음의 세 가지로 살아가게 될 것입니다. 첫째, 당신은 맹목적인 **믿음**으로 하나님의 **길**로 나아가게 될 것입니다. 이것은 어떤 상황에도 개의치 않고 하나님에 대한 확고한 믿음으로 나아가는 것입니다. **전적인 믿음, 진정한** 믿음으로 산다는 것은 무엇을 의미합니까? 그것은 표적을 구하지 않는 믿음이며, 이성이나 논리, 사람의 지성이 제시할 수 있는 다른 어떤 근거를 바라지 않는 믿음입니다.

또 무엇이 **전적인** 희생이고 **순수한** 희생입니까? 우리에게 속한 모든 것과 우리 안에 있는 모든 것뿐만 아니라, 우리라는 존재 자체를 내려놓는 것입니다. 하나님의 은혜로 당신이 내려놓을 수 있는 한, 전부 다 내려놓는 것입니다.

그러면 철저하고 완전한 자기 포기는 무엇입니까? 그것은 하나님의 손안에서 철저하게 결핍된 상태입니다. 우리는 하나님께 '주님, 주님의 뜻이라면 내 안에서 모든 것을 하실 수 있습니다. 주님의 뜻을 내 안에서 이루실 수 있습니다.' 라고 고백합니다. 그러나 조심하십시오. 우리는 여기서 주로 내적인 것들에 대해 이야기하고 있습니다. 하나님은 당신이 장성한 분량에 이르기까지 당신 **안에서** 역사하십니다. 그분은 지속적으로 이 일을 행하시되, **영원까지** 일하십니다.

기억하십시오. 표적이 없어도 하나님은 신실하십니다. 그분은 잊지 않으셨습니다. 하나님은 사로잡힌 자들, 곧 억압받는 자들을 기꺼이 구해 주십니다. 광야에 있는 자들, 믿음과 희생과 자기 포기 가운데 있는 사람들을 철저하게 구원하십니다!

여기에 탈출구가 있습니다.

잔느 귀용의 묵상집
Exodus_출애굽기

이제 3장입니다. 모세는 장인의 양들을 치고 있습니다. 그는 깨닫지 못하고 있지만, 광야에서 보내는 기간 중 **하나님의 산**으로 불려갈 때가 되었습니다.

모세는 단순히 하나님이 맡겨 주신 양 떼를 치고 있다고만 생각하고 있습니다. 그는 하나님의 모든 양들을 칠 목자가 되기 위해 준비하는 과정 중이라는 사실을 알지 못합니다.

모세는 떨기나무에서 불꽃이 나오는데, 나무가 불에 타지 않는 광경을 보게 됩니다. 게다가 주께서 이 떨기나무 불꽃 가운데서 말씀하십니다. 우리는 이 불꽃이 바로 하나님의 사랑이라는 것을 압니다. 이 사랑은 성도의 연약함에도 불구하고 내적인 성도 안에 자리잡게 되어 있습니다.

주님은 그분 안에서 불타고 있는 것 대부분을 **당신**에게 주시기를 기뻐하십니다. 바로 이 일이 모세에게 일어났습니다. 그는 큰 강물 같은 사랑을 가진 사람입니다. 목자는 양들을 위해 끊임없이 목숨을 걸어야 합니다. 따라서 목자의 첫 번째 자질은 사랑입니다.

떨기나무는 지금 소멸하는 불 가운데 있지만, 타지 않습니다. 여기에 결코 꺼지지 않는 사랑으로 충만하신 하나님이 계십니다. 그분은 한 목자를 부르고 계십니다. 하나님은 그에게 목자가 반드시 지녀야 할 사랑을 보여 주고 계십니다. 그것은 비길 데 없는 사랑이며, 결코 싫증 나거나 약해지지 않는 사랑입니다.

당신은 모세의 내면이 하나님의 백성을 향한 억누를 수 없는 사랑의 불길로 타오르고 있다는 것을 알게 될 것입니다. 나중에 하나님이 그 백성을 치시기 직전에, 살아 계신 그분을 감동시킨 것이 바로 이 모세의 기도였습니다. 모세는 순수하고 격정적인 사랑으로 하나님께 부르짖었습니다. "그러나 이제 그들의 죄를 사하시옵소서. 그렇지 아니하시오면, 원하건대 주께서 기록하신 책에서 내 이름을 지워 버려 주옵소서"(출 32:32).

모세는 이제 불타는 떨기나무를 보고 담대하게 다가갑니다. 그때 하나님이 모세에게 말씀하십니다. "네가 선 곳은 거룩한 땅이니 네 발에서 신을 벗으라." 주님은 "네가 애착을 가지고 있는 다른 모든 것들을 스스로 제거하기 전에는 이처럼 순수하고 광대하며 비길 데 없는 사랑에 접근하지 마라."고 말씀하시는 것입니다.

모세의 발은 그가 애착을 가지고 있는 다른 모든 것들을 대표합니다. 그는 세상의 것은 아무것도 지니지 않은 상태로, 하나님 앞에 맨몸으로 나아가야 합니다. 이것만으로도 자기 앞에 있는 과업을 위해 충분히 준비된 것입니다. 의와 공평으로 이 백성을 돌보려면 오직 사랑만 있으면 됩니다.

사랑의 땅은 거룩한 곳입니다. 그리고 바로 여기서 목자가 정의와 거룩함으로 나아가 심판할 것이라는 말이 나온 것입니다.

드디어 하나님은 모세에게 백성들을 애굽에서 구원하실 것을 말씀하십니다. 여기서 우리는 주께서 모세에게 '출애굽'을 말씀하고 계신다는 것을 깨닫습니다.

먼저 하나님은 말씀하십니다. "나는 아브라함과 이삭과 야곱의 하나님이다. 나는 애굽에 있는 나의 백성을 지켜보았다. 그들이 고통받는 모습을 보았고, 그들의 기도를 들었다. 나는 그들의 감독자들이 얼마나 가혹한지 알고 있다. 또 그들의 고통을 알기에 이제 그들을 애굽에서, 노예살이에서, 고된 노동에서 구원해 주려고 내려왔다! 내가 그들을 많은 것에서 구해 낸 후, 좋은 땅으로 데려갈 것이다."

하나님은 또다시 모세에게 말씀하십니다. "너는 내가 주관하고 있는 혈통에서 나온 자이며 나의 주권 아래에 있다." 그분은 모세에게 그가 바로에게 가서 백성들을 이끌고 나오게 될 것이라고 알려 주십니다. 백성들에게 하나님의 탈출구를 보여 줄 자는 모세입니다. 모세가 그들을 하나님 안에서 평강과 안식의 땅으로 인도할 것입니다.

살아 계신 하나님은 이 백성들을 계속 지켜보고 계셨고 그들의 고통을 아셨습니다. 주님은 이 사실을 모세에게 알려 주십니다. 이제 모세는 그들의 기도를 하나님이 들으셨다는 것을 압니다.

하나님은 바로에게 가서 하나님의 백성들을 이끌고 나오라고 모세에게 말씀하십니다. 모세는 이 말씀을 듣고 자신은 그런 큰일을 할 수 없다고 항변합니다. 그러자 주님은 "내가 너와 함께 있으리라" 말씀하십니다.

모세는 말합니다. "저는 주님이 명령하신 일을 할 수 없습니다. 저에게는 그럴 만한 능력이 없습니다. 이 백성은 큰 민족입니다. 이것은 너무나 큰 문제이며, 너무도 멀고 험한 길입니다. 무엇보다도 그렇게 크고 많은 백성들이 보이지도 않는 하나님께 무작정 자신들을 내어 맡기고 따라오리라 기대하시는 겁니까?"

모세는 특히 이 백성을 현 지배 체제, 곧 애굽에서 데리고 나온다는 것 자체가 불가능하다고 생각합니다. 그렇게 오랫동안 익숙해져 버린 관습과 체제에서 사람들을 끌어내는 것은 어려운 일입니다. 그것이 노예살이라 해도, 이 익숙한 것들과 안전한 곳을 버리고 나와 광야로 걸어 들어가라고 감히 초청하기는 어렵습니다! 그곳은 미지의 광야, 믿음의 광야입니다!

그러나 하나님은 "모세야, 내가 너와 함께할 것이다! 내가 이 위대한 일을 행할 것이다!"라고 하십니다.

모세는 계속 항변합니다. "내가 이스라엘 자손에게 가서 이르기를, 너희의 조상의 하나님이 나를 너희에게 보내셨다 하면, 그들이 내게 묻기를 그의 이름이 무엇이냐 하리니, 내가 무엇이라고 그들에게 말하리이까?"

그는 "만일 내가 이 백성에게 가서 이스라엘 백성의 하나님, 믿음의 하나님, 희생의 하나님이 나를 보내셨다고 하면, 그들이 뭐라고 반응할지 확신할 수 없습니다!"라고 말하는 것입니다. 하나님은 모세 때문에 마음이 상하지 않으셨습니다. 이제 하나님이 모세에게 뭐라고 말씀하시는지 자세히 보십시오.

"**스스로 있는 자**가 나를 너희에게 보내셨다." 이것이 모세가 하나님의 백성에게 해야 할 말입니다. 그런데 이 말은 무슨 뜻입니까? 이것은 그분이 자유의 하나님이라는 뜻입니다. 하나님은 모든 것에 자유하신 분입니다. 그러나 아무도 그분으로부터 자유롭지 못합니다. 만일 자신을 중요한 존재로 여기면서 하나님이 '스스로 있는 자'라는 것을 깨닫지 못했다면, 당신은 그분의 백성으로 합당한 자가 아닙니다. 하나님은 그들에게 말씀하고 계십니다. "나는 진리이다. 내가 진리이기 때문에 다른 것은 모두 아무것도 아니다. 나는 아무것도 아닌 자들을 찾고 있다. 내가 모든 것이며 전부이다."

하나님은 백성들이 자기들의 지혜와 행위들을 내려놓아야 함을 깨닫고, 영원 전부터 계셨고 영원까지 계실 주님께 자신을 내어 맡기기를 바라십니다. 우주 만물을 아우르시는 하나님께 전적으로 자신을 드리기를, 사람이 수고하고 애쓰는 땅에서 나와 자기를 포기하는 길을 따르기를 바라십니다.

이렇게 하면, 그들은 곧바로 하나님께 이끌림 받게 될 것입니다. 주님이 그들의 **탈출구**가 되어 주실 것입니다.

하나님은 또다시 모세에게 말씀하십니다. "너는 이스라엘 자손에게 이같이 이르기를 너희 조상의 하나님 여호와 곧 아브라함의 하나님, 이삭의 하나님, 야곱의 하나님께서 나를 너희에게 보내셨다 하라."

여기서 하나님은 다시 한 번 확인해 주십니다. 우리 하나님은 과거에도 현재에도 아브라함의 하나님이십니다!

그분은 탈출구를 **발견한** 사람들의 하나님이십니다! 지금 당신을 인도하시는 하나님은 믿음의 조상들을 인도하신 분과 동일한 하나님이십니다. 그분은 동일한 길을 걸으시며 동일한 기대를 품으십니다.

하나님은 오늘날 자기를 포기하고 그분을 따르는 자들에게 아브라함과 모세에게 주셨던 것과 동일한 확신을 주십니다. 그들을 위해 행하신 것처럼, 당신을 위해서도 모든 일을 행하실 것입니다.

하나님의 본성은 그분의 이름에 나타납니다. 즉, 그분의 이름이 그분이 어떤 분인지 말해 줍니다. 그분 없이는 아무것도 존재하지 않습니다. 하나님의 본성이 모든 것을 파악하고 이해하는 것처럼, 그분의 이름 '스스로 있는 자'도 모든 것을 나타냅니다.

피조물들은 아무것도 아닙니다. 우리에게는 서로를 구별해 줄 이름이 필요하지만, 진정 모든 것이 참되신 하나님은 그런 이름이 필요치 않으십니다. 하나님께는 '스스로 있는 자'라는 이름으로 충분합니다. 그분에게는 이름이 필요없습니다. 하나님은 지금도 살아 계시고 모든 것이 되십니다.

스스로를 중요하게 여기는 사람들은 하나님의 이름을 도둑질하는 것입니다. 모세는 하나님을 따르는 자들은 그분의 이름을 따르는 자라는 것을 확인시켜 줍니다. 백성들은 오직 그 이름 때문에 그분의 음성에 순종할 것입니다. 우리 안에는 영원하신 하나님이 거하고 계십니다. 당신 안에도 '스스로 있는 자'의 음성이 있습니다.

하나님은 이제 모세에게 상당히 실제적인 지시를 내리십니다. 그는 이스라엘 장로들과 함께 애굽 왕에게 가야 합니다. 그리고 바로에게 그들의 하나님, 곧 히브리 사람의 하나님께서 사흘 길쯤 광야로 나가서 살아 계신 하나님께 제사를 드리라 명령하셨다고 말해야 합니다.

한 민족이 애굽 왕에게 떠날 것이라고 말하고 있습니다. 그들이 가려는 곳은 어디입니까? 광야입니다! **믿음**이 드러나는 광야, 그들은 이 광야로 들어가서 무엇을 하려 합니까? 그들은 정결한 **희생**을 드릴 것입니다.

이번 장은 상당히 독특하고 놀라운 말씀으로 끝을 맺습니다. "너희가 나갈 때에 빈손으로 가지 아니할 것이다. 너희는 너희가 노예살이하던 그 땅을 약탈할 것이다."

하나님은 당신에게 자유를 주시는 것에 만족하지 않으십니다. 그분은 이 순결한 길에 들어가지 못하게 방해하던 자들의 것을 빼앗아 당신을 부요하게 해 주실 것입니다. 그들의 힘도 빼앗아 당신에게 주실 것입니다. 당신은 떠날 때, 하나님의 강한 손아래서 당신의 것이 아닌 힘을 얻었다는 것을 깨닫게 될 것입니다. 밖으로 나가면서 당신은 지금까지 한 번도 경험하지 못한 힘을 얻게 될 것입니다! 그리고 당신이 떠나는 모습을 지켜보는 사람들은 상대적으로 힘을 잃게 될 것입니다.

"누구든지 가진 자는 더 받아서 풍성해질 것이고, 가진 것이 없는 자는 가진 것마저 빼앗기리라."

잔느 귀용의 묵상집
Exodus_출애굽기

    모세는 온전한 믿음을 가지고 하나님께 순종하는 데 큰 어려움을 겪고 있습니다. 그는 표적을 구합니다. 하나님의 말씀보다 표적을 의존하는 것은, 특히 믿음의 길에서 크게 진보한 자가 그렇게 하는 것은 큰 과실입니다. 하나님의 말씀 한 마디에 아브라함은 기꺼이 아들을 죽이는 자리까지 나아갔습니다.

    하나님이 뭐라고 하시는지 보십시오. "네 손에 있는 것이 무엇이냐?" 모세의 손에는 아무것도 없었습니다. 손에 든 지팡이가 전부였습니다. 당신이 지니고 있는 것만 가지고 애굽을 떠나십시오. 손에 든 지팡이 외에는 가져가지 마십시오. 나머지는 하나님이 공급해 주실 것입니다.

그러나 기적도 모세에게 확신을 주지 못합니다. 지금 무슨 일이 벌어지고 있습니까? 사람이 이 세상에 있는 동안 다른 영역에 속한 것들에 익숙해지는 것은 어려운 일입니다.

이전까지는 모세가 순수해서 망설였다면, 지금은 핑계를 대고 있습니다. "나는 본래 말을 잘하지 못하는 자니이다."

우리의 특성을 흡수해 버리는 것이 하나님의 말씀의 속성입니다. 하나님은 모세에게 누가 그의 입을 창조하셨으며, 누가 그것을 그렇게 창조하셨는지 일깨워 주십니다! 하나님은 모세에게 주권에 대한 더 높은 이해를 가르치고 계십니다. 모세의 입을 창조하신 하나님이 말을 할 줄 모르는 그에게 말을 전하라고 요구하실까요?

만일 당신을 창조하신 하나님이 애굽을 떠나는 것과 광야는 그리 큰 문제가 아니라고 말씀하신다면, 그런 것입니다!

하나님은 모세에게 영적인 것들을 말하는 능력은 타고나는 것이 아니라 하나님께 속한 것이라고 알려 주십니다. 하나님이 모세를 위해 말씀하실 것입니다.

하나님은 당신에게 무엇을 요구하십니까? 그게 무엇이든지, **당신의** 능력에 있는 것이 아니라, 영적인 영역에 속한 것입니다.

"내가 네 입과 함께 있어서 할 말을 가르치리라." 보냄을 받은 자(사도)는 이런 유익을 누립니다. 하나님이 그의 입을 통해 말씀하십니다. 모든 일에 하나님께 자기를 내어 드린 자는 이 특별한 일을 반드시 해냅니다.

모세는 구원을 원합니다. 그러나 지금은 **모세의** 그 갈망이 방해가 되고 있습니다. 그는 하나님께 자신의 무거운 짐을 어떻게 해결해 주실지 조언해 드리고 있습니다. 모든 갈망은, 그것이 거룩하고 정당한 것이라 해도, (자기가) 소멸될 모든 영혼에게서 반드시 제거되어야 합니다. 그런 영혼은 오직 하나님이 바라시는 것만 원해야 합니다. 하나님은 그분의 때에 이루시는 분입니다. (자기가) 소멸된 사람은 아무것도 바라거나 원하지 않습니다. 하나님은 갈망을 철저하게 제거하시려고 모세에게 화를 내셨습니다.

지금까지 모세는 그런 **죽음의 단계**에서 말했습니다.

자기 포기의 단계에서 나오는 것은 정말 무시무시합니다! 모세는 사람의 입, 곧 아론을 얻었습니다.

그러나 하나님은 지금도 성숙하는 과정 중에 있는 모세에게 친히 함께해 주실 거라는 확신을 주십니다.

하나님은 이제 이스라엘을 '나의 장자'라고 말씀하십니다. 이것은 하나님이 우선인 자들에게 그분이 보여 주시는 호의입니다. 모세의 아내 십보라도 이 장면에 등장합니다. 그녀는 아들에게 할례를 행하고 그 양피를 모세의 발 앞에 던지며, 그를

'피 남편'이라고 부릅니다.

십보라는 십자가를 이해하지 못합니다. 뿐만 아니라 십자가와 하나 되어 주님의 고난에 참여하는 것을 원하지도 않습니다. 모세는 그녀로 인해 주님의 생명 안에서 십자가의 분명한 첫 번째 증거가 되었습니다. 십보라는 십자가가 안식의 시작이라는 것을 알지도 못하는데 말입니다.

이번 장은 이스라엘이 곧 구원 받게 될 것이라는 하나님의 말씀을 받으며 끝이 납니다. 이스라엘은 그 말씀을 믿습니다. 모세는 아무 어려움 없이 하나님의 말씀을 선포합니다. 이스라엘은 하나님의 말씀 안으로 들어왔습니다.

하나님을 알고자 성경을 연구하는 사람들은 그분이 자기들의 가장 깊은 곳에 계신다는 사실을 잊고 있습니다. 끝이 없는 이성의 복도를 여행하는 지식인들은 하나님을 찾지 못합니다. 하나님이 **거기** 계시지 않기 때문입니다. 그리고 표적을 **구하는** 자들은 즉시 자기를 포기하지 않고, 억지로 굴복할 뿐입니다. 그러나 주님을 믿고, 따르고, 사랑하는 자들은 그분을 발견하게 됩니다.

잔느 귀용의 묵상집
Exodus_출애굽기

    모세가 바로 앞에 나아가 하나님이 말씀하신 내용을 전합니다. 그것은 이스라엘 백성들이 가서 하나님께 희생 제사를 드리게 해 달라는 것입니다. 바로를 자세히 살펴봅시다. 그는 하나님을 모른다고 말합니다. 마음이 순전한 사람만이 하나님을 알 수 있으니 그것은 사실입니다. 또 그는 하나님께 순종하는 법을 알지 못합니다.

    바로는 말합니다. 이스라엘 백성이 가서 그들의 하나님께 희생 제사를 드리려 하는 것은 달리 할 일이 없기 때문이라고 말입니다. 그는 이스라엘 백성이 너무 게으르다고 말합니다. 할 일이 없으니 그들의 하나님께 제사를 드리고 싶어 한다는 것입니다.

이것이 내적인 성도를 게으르다고 비난하는 사람들의 전형적인 태도입니다. 때로는 이런 비난이 **바로**(들), 곧 세상으로부터 옵니다. 또 영적 지도자들에게 이런 비난을 당하는 경우도 있습니다. 그들은 내적 성도가 기도하며 주님만 바라보기 위해 자기 삶을 포기하는 것을, 주님께 온전히 자기 삶을 드리는 것을 이해하지 못합니다. 마땅히 더 잘 알아야 할 지도자들이 이런 사람을 게으르다고 말합니다.

그러나 하나님은 자기 백성을 돌보십니다. 그분은 그런 삶을 살고 싶어 하는 자들을 은밀한 곳으로, 사람의 방해를 받지 않을 장소로 데려가십니다.

바로는 백성들을 더욱 외면적으로 만들기 위해 일을 더 많이 주는 방안을 내놓았습니다. 바로만 이렇게 하는 것이 아닙니다. 복음 사역자들도 하나님의 백성들에게 온갖 외면적인 것들을 잔뜩 지워 놓고, 결코 그들을 본질(내적)로는 인도하지 않습니다.

이번 장은 하나님의 백성들이 외적인 일들을 해내지 못하면, 벌을 받고 매를 맞기까지 한다는 것을 보여 줍니다. 오늘날에는 막대기로 매를 맞는 일은 없을지도 모릅니다. 그러나 하나님을 외적으로 섬기지 않는 것에 죄책감을 느끼게 됩니다.

이것은 복음을 부분적으로, 완전히 피상적으로 이해한 것입니다. 하나님이 내적인 길을 걷는 그분의 친구들을 얼마나 중요하게 여기시는지 모르는 것입니다.

백성들은 훨씬 적은 짚으로 이전만큼의 벽돌을 만들어야 합니다. 그들에게는 이제 사용할 짚도 없습니다. 외적인 것들에 힘쓰고 노력할수록 당신이 할 수 있는 일들은 점점 줄어듭니다. 거기에는 안식도 없고 열매도 없습니다. 이것은 외적으로 살기 위해 노력하는 사람의 전형적인 모습입니다.

이제 우리는 백성들이 좌절하는 모습을 보게 됩니다. 그들은 모세와 아론이 나타나기 전에는 애굽 사람들이 가혹하기는 했지만 지금과 같지는 않았다는 것을 깨닫습니다. 단지 가서 그들의 하나님께 제사를 드리게 해 달라고 요청한 것 때문에 자기들이 죽도록 일하게 되었다는 것을 깨닫습니다.

모세는 하나님께 질문을 가지고 나아갑니다. "주님, 어찌하여 주의 백성들에게 단지 괴로움만 더하는 이런 일을 하도록 나를 보내셨습니까?" 모세가 바로 앞에 나아간 이후로 백성들의 괴로움은 더 커졌고, 구원도 전보다 더 멀어진 것처럼 보입니다.

모세가 이렇게 기도하며 좌절하고 있어도, 우리는 그가 하나님의 백성을 염려하는 온유한 사람이며 진실한 목자라는 것을 압니다. 그는 하나님께 불쌍한 백성들을 압제에서 구원해 달라고 간청하며 설득하고 있습니다.

삶 가운데 주님을 따르고자 하는 순간이 올 때, 우리가 바로에게서 벗어나고자 애쓰는 바로 그때, 하나님이 실제로 어떤 분이신지에 대한 이해의 폭이 넓어지기 시작합니다. 하나님은 결코 우리가 상상하는 그런 분이 아닙니다.

하나님은 이미 백성들을 구원하여 애굽에서 데리고 나가실 것이라고 약속하셨습니다. 물론 모두가 이 일이 곧 이루어질 것이라고 생각했습니다. 모세는 무슨 일이 기다리고 있는지 알지 못합니다. 그것은 하나님의 백성들도 마찬가지입니다. 만일 이스라엘 백성 앞에 놓여 있던 모든 장애물들이 기적적으로 제거되었다면, 오늘날 우리는 얼마나 더 겸손해져야 하겠습니까! 하나님이 기다려 주실 때 우리는 그분께 너무나도 많은 것을 배웁니다. 이스라엘 백성들은 그날 이후 그들의 하나님에 대해 정말 많은 것을 배웠습니다. 또 우리 모두는 나간다는 것이 무엇을 의미하는지 얼마나 많은 것을 배우고 있습니까!

하나님의 특별한 섭리로 수백만 명이 구원을 받았습니다. 그러나 애굽에서 구원받은 수백만 명 가운데 오직 두 사람만 약속의 땅에 들어갔다는 사실을 깨달을 때, 우리는 더욱 두려워집니다.

누가 하나님의 길들을 이해할 수 있겠습니까? (광야에 들어가서 조금도 나아가지 못할지라도, 광야에 있는 것이 애굽에서 사는 것보다 낫다는 것을 우리는 압니다.) 하나님의 길들이 분명한 실재가 되어 나타날 때까지 피조물인 우리에게 숨겨져 있다는 사실이 선하고 아름답습니다. 그리고 그분의 길은 언제나 최고의 순간에 나타납니다. 그러나 그 순간은 언제나 하나님이 직접 선택하십니다.

잔느 귀용의 묵상집
Exodus_출애굽기

하나님이 모세에게 답해 주신 내용은 우리에게 너무나도 큰 위로와 힘이 됩니다. 우리는 피조물의 연약함과 창조주의 위대함을 봅니다. 먼저 하나님은 모세에게 염려하지 말고 평안하라 하시며 하나님이 하실 일을 보게 될 것이라고 말씀하십니다. 이 얼마나 간단한지요!

이어서 하나님은 단순히 자신이 누구인지 선포하십니다. 그분은 아브라함과 이삭과 야곱의 하나님이시며, 그분의 백성들에게 땅을 주리라 약속하신 하나님이십니다. 하나님은 모세에게 믿음과 희생과 자기 포기를 일깨워 주십니다. 그분의 이름 '아도나이'를 생각나게 하십니다. 그분의 강하고 능한 손과 친히 택하신 방법을 신뢰하라고 요구하십니다. 자기들의 연약함과 무가치함을 깨달을수록, 그들은 하나님에 대해 더 많은 것을 배우게 될 것입니다.

하나님은 이제 자신을 드러내시며 자신이 어떤 분인지 모세의 시야를 크게 넓혀 주려 하십니다. 그러면 하나님의 백성들도 그분에 대해 훨씬 더 잘 알게 될 것입니다. 뿐만 아니라 하나님은 예수 그리스도가 어떤 분인지 우리에게 알려 주시려고, 모세와 이스라엘 백성을 완벽한 그림으로 보여 주시며 기초를 마련하고 계십니다.

애굽에 있는 하나님의 백성들이 자기들의 무가치함을 점점 더 받아들일수록, 그들은 이 거룩하신 분의 주권을 온전히 경배하게 될 것입니다.

이 순진한 노예들과 모세라는 광야의 목자는 단지 '하나님이 약속하셨기 때문에' 아브라함과 이삭과 야곱이 본 것보다 더 많은 하나님의 능력을 보게 될 것입니다.

하나님이 모세에게 내리신 지시들은 정말 놀랍습니다. 그분은 백성에게 돌아가서 전에 이미 말한 대로 "나 여호와가 강한 손으로 이 백성을 애굽인의 속박에서 구해낼 것이다."라고 전하게 하십니다.

하나님은 백성들이 신음하는 소리를 들으셨습니다. 그리고 그들이 기꺼이 자기 삶을 하나님께 내어 드리고자 하는 것을 보셨습니다. 이제 그분은 손을 펴서 그들을 구원하실 것인데, 특별한 방법으로 그 일을 행하실 것입니다.

더욱이 하나님은 이스라엘 백성들이 지식이 아닌 경험으로 자기들이 하나님께 속했다는 것을 알게 될 것이라고 말씀하십니다. 하나님은 언제나 자기를 포기한 자들에게 말씀하십니다. 그들을 특별한 백성으로 삼으시고, 특별한 방법으로 그들의 하나님이 되어 주시며, 하나님이 그들의 하나님이신 것을 경험으로 알게 될 것이라고 하십니다. 여기에 자기 포기를 아는 자들, 거리낌 없이 자기를 하나님께 내어 드린 자들만을 위한 약속이 있습니다. 하나님은 결코 재능 있고 똑똑한 자들이 자신을 정복하도록 허락하지 않으십니다. 그러나 누구든지 그분께 온전히 순복하는 자에게는 놀랄 만한 방법으로 자신을 주십니다.

모세는 이제 돌아가서 하나님이 말씀하신 것을 백성들에게 전합니다. 이번에는 백성들이 영적으로 고통 받고 있고 외적 노동에 시달리고 있기 때문에 그의 말을 귀담아 듣지 않습니다. 내적(본질적) 삶의 메시지도 마찬가지입니다. 그것을 처음 들었을 때는 많은 사람들이 호응합니다. 그러나 그 후 고난이 오고 달콤한 기적들도 지나가 버리면, 십자가만 보이는 그 길을 따라가기가 대단히 어렵다는 것을 깨닫게 됩니다. 이것은 처음으로 하나님을 따르기 시작한 사람들이 자주 범하는 불신 행위입니다.

    이제 모세는 하나님께 돌아와 백성들이 듣지 않는다고 말씀드립니다. 그는 이스라엘 백성이 듣고 순종하지 않으면, 바로 앞에 나아가도 아무 소망이 없다고 말합니다. 만일 의인이 듣지 않는다면, 악한 자들은 더욱 듣지 않을 것이 분명합니다.

7장이 시작되면서 하나님은 다음과 같이 말씀하시며 모세를 안심시키십니다. "네가 바로 앞에 서고 그가 너를 바라볼 때, 그의 눈에 네가 신과 같을 것이고 아론은 그 대언자로 보일 것이다."

그들은 세상의 저주를 받을 수도 있고, 사회악처럼 여겨질 수도 있습니다. 그러나 세상은 내적인 길을 가는 사람들을 두려운 마음으로 바라봅니다. 어쨌든 세상은 이들 (자기가) 소멸된 사람들이 하나님의 말씀을 그대로 전하고 있다는 것을 압니다. 하나님이 친히 선포하신 말씀을 이 빈 그릇들을 통해 다른 사람들에게 전하고 계신다는 것을 알고 있습니다.

12절에 대단히 흥미로운 또 다른 내용이 기록되어 있습니다. 애굽의 마술사들은 모세의 지팡이가 뱀으로 변하는 것을 보고, 자기들의 지팡이도 뱀으로 바꿀 수 있었습니다. 악한 자들은 영적인 것들, 곧 교리와 그 외 다른 모든 것을 언뜻 보기에 진짜같이 모방할 수 있습니다. 뱀으로 변한 모세의 지팡이가 애굽의 마술사들이 만들어 낸 모조품을 삼켜 버린 것처럼, 하나님의 영에 속한 것들은 다른 모든 것을 흡수하고 거짓과 진리를 구별해 냅니다. 진리가 가짜 영성을 삼켜 버리는 것입니다.

잔느 귀용의 묵상집
Exodus_출애굽기

우리는 17절에서 아론이 땅의 먼지를 '이'로 변하게 하는 것을 봅니다. 애굽의 마술사들은 그렇게 할 수 없습니다. 그래서 다음과 같이 말합니다. "이것은 분명 하나님의 손가락(권능)이다!" 애굽의 마술사들이 믿어도, 바로의 마음은 여전히 완악하기만 합니다. 마찬가지로 하나님이 내적 성도를 위해 일으키시는 모든 경이로운 일들(기적들)이 단지 원수들의 마음을 완악하게만 할 뿐이라는 것도 사실입니다. 어떻게 그럴 수 있을까 싶지만, 그것이 사실이라는 것이 날마다 드러납니다.

가장 악한 사람들이 '그것은 하나님의 손가락(권능)'이라고 고백할 수밖에 없는 경우들이 있기는 하지만, 똑같은 자리에 서서 동일한 기적을 보고 들으면서도 오히려 마음이 이전보다 더 완고해지는 사람들도 있다는 것을 확실히 알게 됩니다.

23절에서 하나님은 "내 백성과 네 백성 사이를 구별하리라"고 선언하십니다.

진정 그렇습니다. 하나님은 그분의 백성이 되고 싶어 하지 않는 자들과 그분의 백성을 분리하십니다. 핍박하는 자들은 자기들의 허영심과 악의의 '이'를 잡느라 고통 받으면서 이 일이 끝도 없고 쉼도 없다는 것을 깨닫습니다. 그러나 하나님께 속한 행복한 영혼은 평안한 곳에서 만족하며 살아갑니다.

잔느 귀용의 묵상집
Exodus_출애굽기

　이번 장에서 우리는 하늘이 어두워지고 애굽 온 땅에 흑암이 덮이는 놀라운 이야기를 보게 됩니다. 그러나 하나님의 백성이 거하는 곳에는 빛이 있는 것이 분명합니다.

　애굽 사람들처럼 어둠 가운데 행하면서 빛 가운데 있는 것 같이 속이는 사람들은 모두, 그들이 빛 가운데 있는 것처럼 꾸미고 가장할수록, 점점 더 무지해진다는 것을 깨닫게 됩니다.

　오직 믿음으로 하나님과 연합한 사람이 빛 가운데 거하게 됩니다. 어떤 것도 이 빛을 약화시킬 수 없습니다. 항상 완벽한 낮입니다. 모든 빛을 다 잃어버린 것처럼 보일 때에도 하나님의 밝은 빛이 그 사람을 비추고 있습니다. 이것은 쉽게 이해되지 않는 일이지만 그것을 경험해 본 사람들은 알 수 있습니다. 하나님 자신이 진리이시기 때문에 우리의 근원이신 그분에게서 끌어내는 것도 항상 진리입니다. 사람에게서 끌어낸 것, 곧 우리의 외적 감각이나 이성, 논리에 근거한 것은 언제나 잘못되거나 틀리는 경우가 많습니다. 사람은 결국 허영과 거짓뿐입니다. 그렇다면 진리로 들어가는 확실하고 분명한 길은 죽고 사는 것밖에 없습니다. 그것은 모든 일을 오직 하나님께 맡기고, 모든 것을 하나님의 눈으로 보고 믿는 것입니다.

잔느 귀용의 묵상집
Exodus_출애굽기

    5절에서 죽는 사람들은 애굽인들의 장자입니다. 죄는 오직 죄인만 만들어 내기 때문에 애굽인들의 장자는 죄와 죄인들을 상징합니다. 하나님의 장자는 출생 순서나 성별과 관계없이 언제나 내적 영혼들입니다.
    애굽인들은 **외적인 사람들**이기 때문에 내적인 사람들을 없애버리고 싶어 합니다. 그러나 하나님은 내적인 사람들의 편에 서서서 죄인들을 겸손하게 하시고 죄를 근절해 버리십니다. 하나님의 권능을 사용하여 이 세상의 장자를 죽이는 자는 하나님을 섬기는 천사입니다.
    이 세상의 장자들이 얼마나 높임을 받는지 깨닫게 될 때, 이것을 생각하십시오. 그들은 헛된 것들을 신뢰하지만, 하나님의 장자들은 오직 하나님의 보호 가운데 안전합니다. 애굽의 장자들은 사실 사람의 기준에 안전할 뿐이지만, 하나님의 장자들은 무자비한 사람들에게 학대받더라도 면류관을 받게 됩니다.

   하나님의 장자들은 결코 그분의 진노 때문에 벌을 받지 않습니다. 그들은 단지 하나님의 자비 가운데 벌을 받을 뿐입니다. 진노 가운데 벌을 받는 자는 바로 애굽인들입니다.

잔느 귀용의 묵상집
Exodus_출애굽기

이번 장에서 우리는 가족마다 자기 식구를 위하여 흠 없는 어린 양 한 마리를 잡는 것을 보게 됩니다.

내적 성도들은 오직 하나님의 표로 구별될 수 있습니다. 이 표는 바로 '어린 양의 피'입니다. 그들은 이 표를 지니고 있습니다. 그런데 이것은 무엇을 의미합니까? 그들에게는 아무 공로도 없지만, 그들은 그리스도 예수 안에서 모든 것을 소유하고 있습니다. 그리고 예수님의 피 안에서 그분의 피로 보호받습니다. 바로 이 피 때문에 모두가 소망 없는 상황에도 소망을 갖게 됩니다. 그들은 스스로에게 절망하고, 그로 인해 기꺼이 하나님을 온전히 신뢰하게 됩니다.

예수 그리스도 안에는 결코 죄가 없기 때문에 이 어린 양도 흠이 없습니다. 우리의 불법을 제거해 버리는 것이 바로 그리스도의 정의입니다.

하나님의 백성들은 어린 양을 먹은 다음, 그 피를 취하여 문설주에 바릅니다. 그날 밤 떠나기 전에 그들은 이 어린 양을 불에 구워 먹되 무교병과 쓴 나물과 함께 먹습니다. 이것은 애굽을 떠날 준비를 하는 것입니다. 이것은 **출애굽의 한 과정**입니다.

나가려면 어린 양의 피로 씻고 표를 받아야 할 뿐만 아니라, 그분의 몸을 먹어야 합니다. 당신 안에 그리스도를 받아들여야 성장하고 열매 맺게 됩니다. 바로 이 힘으로 당신은 애굽에서 나와 믿음이 그대로 드러나는 무시무시한 광야로 들어가게 됩니다.

당신은 그 광야에서 힘겨운 순례 길 가운데 당신을 붙잡아 줄 천국의 수많은 아름다움과 자유를 발견하게 될 것입니다. 그렇다 해도 광야는 당신이 처음 노예 생활을 할 때보다 훨씬 더 힘든 곳입니다.

자기 사랑(자기애)은 사실 **자유롭게** 하늘의 영역(약속의 땅과 하나님을 소유하는 것)에 힘쓰기보다는 수고와 **행위**, 심지어 **벽돌을 만드는 일**로 짐을 지는 것을 더 좋아합니다. 하늘의 영역을 정복하는 일들에 사로잡히면 자기 중심적인 삶의 본질 자체가 흔들립니다. 이런 종류의 일은 겉으로 드러나는 결과가 없는데, 자기 사랑은 측량 가능한 외적 수단으로 무엇을 성취했는지 확인하는 것을 좋아하기 때문입니다.

쓴 나물은 우리에게 괴로웠던 지난날의 일들을 생각나게 합니다. 그리고 믿음으로 나아갈 때, 우리 안에서 반드시 죽어야 할 것들을 일깨워 줍니다. 믿음의 광야로 들어갈 때, 당신은 많은 굴욕들을 통과하게 될 것입니다.

무교병은 거의 준비 없이 만들어집니다. 그것은 기름과 밀가루로 굽고, 다른 것은 아무것도 첨가하지 않습니다. 이것은 단순한 삶, 즉 믿는 자의 **단순한** 상태를 말합니다. 이제부터 그는 단순한 음식을 먹게 될 것입니다. 이 음식을 준비하는 데에는 손이 많이 가지 않습니다. 그 안에는 부패할 것이 아무것도 없습니다. 또 즐거운 것이나 달콤한 것도 없습니다. 앞에는 단순한 음식, 곧 주 예수님이라는 단순한 양식이 있습니다. 이것은 대부분의 사람들이 종교적인 의식으로 주님께 참여하는 것처럼 그렇게 복잡한 것이 아닙니다.

어린 양의 고기를 불에 **구웠다는 것**에 주목하십시오. 삶거나 기름에 튀기지 않고 불에 구웠습니다. 이것이 이 음식을 준비하는 최고의 방법입니다. 당신이 그리스도를 이런 식으로 먹고 마실 때, 주님의 불이 당신 안으로 들어옵니다. 거기에는 사랑의 불이 있습니다. 흠 없는 이 어린 양을 함께 먹고 마시면 우리에게 그 불이 붙습니다.

이제 하나님의 백성들은 어린 양을 남김없이 먹어야 합니다. 만일 아침이 될 때까지 남아 있는 것이 있다면, 불로 태워 버려야 합니다. 우리는 이 유대 절기 가운데 자신을 음식으로 내어 주실 주 예수 그리스도의 오심을 선명하게 보게 됩니다.

그런데 여기에 무언가 더 있습니다. 그것은 우리의 희생도 주님처럼 순수해야 한다는 것을 일깨워 줍니다. 영혼은 믿음의 **광야**에서 하나님 안으로 들어가 완전히 소멸되어야 합니다.

희생은 **완전해야** 합니다. 조건이 있거나 보류가 있어서는 안 됩니다. 이것은 완전히 태워 바치는 번제입니다. 남는 것이 하나도 없습니다. 모든 것을 태워 없애야 합니다. 내적인 것이든 외적인 것이든, 머리, 발, 내장 그리고 영혼의 내면 가장 깊은 곳에 있는 것들을 전부 남김 없이 소멸시켜야 합니다.

하나님은 백성들에게 **가장 깊은 곳에 있는 부분들**, 곧 내장까지도 불에 태우라고 말씀하십니다. 이것이 완전한 희생입니다. 그러나 속지 마십시오. 이 희생은 너무나도 어렵습니다! 말로 표현할 수 없는 엄청난 대가를 치러야 합니다! 모든 것을 포기하기까지 엄청난 희생이 따릅니다!

그런데 이 엄청난 희생을 감내한 사람들, 곧 아무것도 남겨 두지 않은 사람들은 어디에 있습니까?

그것은 그만큼 어렵고 보기 드문 일입니다. 게다가 절반의 희생으로는 결코 이 번제의 기준에 도달할 수 없습니다. 이것은 하나님이 특별히 자기를 위해 남겨 놓으신 희생이며 오직 하나님의 영광을 위해 구별해 놓으신 희생입니다. 하나님은 특별히 자기에게 속한 이 순전한 희생에 다른 이들을 초청하십니다.

유명하고 출중한 많은 그리스도인들이 너무나 다양한 방법으로 자기들을 희생해 왔지만, 그들의 '내장', 즉 **가장 깊은 곳에 있는 부분들은 희생하지 않고** 남겨 두는 것은 통탄할 일입니다. 아, 만일 그들이 순전하고 완전한 희생에서 하나님이 끌어내시는 영광과 그렇게 희생함으로 얻게 될 유익을 알았다면, 지체 없이 자기를 포기함으로 얼마나 더 관대해지겠습니까!

이 세상에서는 사실 **이득**을 보면서도, '아, 이 엄청난 손실을 보라' 하고 말하는 경우가 많습니다. 또 실제로는 엄청난 **손실**을 보면서 '아, 얼마나 이득인가!' 라고 말하는 경우도 많습니다. 하나님을 위해 모든 것을 잃으면 모든 것을 얻게 됩니다. 우리 자신에 대해서는 모든 것을 잃고, 개인적인 욕심 없이 순수하게 하나님이 우리를 최고의 영광 속으로 데려가시도록 하는 것, 그것이 최고의 길이며 순수한 사랑을 보여 주는 가장 고상한 증거입니다.

그러나 **정결한 희생**은 오직 하나님을 위해 남겨진 그분의 희생입니다. 그것은 예수 그리스도의 거룩한 희생입니다. 예수 그리스도의 희생이 다른 모든 것들의 본입니다. 하나님은 이 희생 안에서 모든 것들이 소멸되기를 원하십니다.

아, 흠 없는 제물이시여! 오 주님, 모든 순수한 희생들이 모여 주님의 완전한 희생을 이룹니다. 주님이 바로 그 희생들의 시작이시며, 모든 희생들의 정신(영)과 능력과 완전함이 주님의 희생 안에서 발견됩니다. 다른 희생들은 모두 순수하고 완전한 희생의 그림자에 불과합니다. 다른 희생 안에는 인간들이 갈망하고 얻기를 바라는 것이 있습니다. 자기들의 공로로 돌리고 싶어 하는 어떤 것이 있습니다.

이제 하나님은 백성들에게 먹고 떠나라고 말씀하십니다. 우리는 단순히 예수 그리스도에 참여함-예수 그리스도를 먹고 마심-으로 밖으로 나갑니다!

이제 하나님은 '떠나는 것'에 대하여 훨씬 더 많은 지시를 내리십니다. 하나님은 그들에게 말씀하십니다. "허리에 띠를 띠고 발에 신을 신고 손에 지팡이를 잡고 급히 먹으라." 이것이 바로 유월절, 여호와가 넘어가신 사건입니다.

허리에 띠를 띠는 것은 무엇을 의미합니까? 그것은 하나님의 뜻에 순종하는 순수성을 의미합니다. 이것은 행복한 구속입니다. **육신의 외적 순수성**은 **내적** 순수성, 즉 영의 순수성을 상징할 뿐입니다. 사람들은 오늘날 그들이 하는 일과 하지 않는 일로 성급하게 **외적**으로 순수해지려 합니다. 그들은 이런 것이 단순히 내면에 있어야 하는 것의 함축, 상징에 불과하다는 것을 깨닫지 못합니다. 영의 순수함이 있어야 합니다. **외적 순수성**은 모두 **내적 순수성**에서 시작됩니다. 만일 우리가 바깥쪽만 씻는다면, **안쪽**은 **부패한** 그대로 있을 것입니다. 모든 것은 **안에서** 시작되어 밖으로 영향을 미쳐야 합니다.

내적 순수성은 하나님의 뜻에 따르는 것입니다. 이런 순종이 절박할수록, 영은 점점 더 정결해집니다.

이것은 다음과 같이 명확하게 나타날 수 있습니다. 먼저, 믿음의 사람은 모든 일에 자기의 뜻을 포기하고 하나님의 뜻에 따릅니다. 그러면 그의 뜻이 하나님의 뜻과 같아집니다. 그리고 나중에는 그것이 하나님의 뜻으로 바뀝니다. 자기 의지가 다 죽는 것이 바로 이 시점입니다. 그것은 반드시 재처럼 소멸되어 하나님의 뜻으로 변화되어야 합니다. 이때부터 우리는 하나님의 뜻이 아닌 것은 말하지 않게 됩니다. 하나님 안에 있는 그분의 뜻이 믿음의 사람들 안에 있게 됩니다.

또 우리는 발에 대해 무슨 말을 해야 할까요? 우리는 모세가 불타는 떨기나무 앞에서 신을 벗어야 했다는 것을 압니다. 그러나 여기서는 신을 신고 있습니다. 이것은 순례의 여정을 의미합니다. 구약 성도들은 급히 어린 양을 먹고 있습니다. 이제 여정이 시작될 것입니다. 그들 안에서 이 순수한 희생이 소모되고 있으며, 그것은 소멸시키는 의지를 실행하고 있습니다. 그리고 발에는 신을 신고 있습니다. 이것은 그 영혼이 하나님께 나아가고 있음을 의미합니다. 여기에 빈 공간이 있습니다. 그리고 주님이 이 무한한 공간의 충만함이 되어 주십니다.

희생을 충실히 소모하는 가운데, 오직 하나님만이 빈 공간을 채워 주실 수 있습니다. 그 밖에 다른 것으로 채워진다면, 그것은 참되고 순수한 희생이 아닙니다. 하나님은 그 영혼의 죄를 제거하십니다. 그리고 비우신 만큼, 그 영혼을 은사와 은혜로 채워 주십니다. 그런 다음 그 영혼을 오직 그분으로만 채우려고 주셨던 은사와 은혜를 없애십니다. 이렇게 비우는 과정 가운데 그 영혼은 타고난 능력이 제거되고 확장됩니다. 자연인이 약화되고 하나님의 생명이 들어오도록 열립니다.

이제는 죄로 오염된 찌꺼기를 제거해야 합니다. 이것을 위해 하나님은 불을 준비하십니다. 이 불은 섬세하지만, 동시에 더 강렬합니다. 이 불은 영혼을 정화하는 게 아니라 해치는 것처럼 보입니다. 이런 과정은 그것이 역사하는 동안이 아니라, 성취된 후에야 그 가치를 확인할 수 있습니다. 이 영혼 안에 아무런 불순물도 남지 않게 하려면, 이 불로 그의 근본적인 찌꺼기를 제거할 필요가 있습니다. 만일 지금 자신의 삶 가운데 있는 불순물들을 보지 못한다면, 그리고 그것들이 얼마나 깊고 미묘한지 깨달을 수 없다면, 이러한 작업이 당신의 삶에 반드시 필요하다는 것이 한층 더 확실해집니다.

이 신실한 영혼이 완전히 자기 기준과 제약을 버리게 되면, 이제 그는 연합, 즉 하나 됨을 위해 준비가 된 것입니다.

이미 말한 바와 같이 하나님은 아무것도 비어 있게 두지 않으십니다. 그분은 성도의 재능이 빠진 곳을 그분의 은사들로 채워 주십니다. 그 후 하나님은 그 은사들을 가져가시고 그 공백을 자신으로 채워 주십니다.

완전한 공백은 오직 창조주에 의해 채워질 수 있습니다. 하나님은 채워 주시는 만큼 받을 수 있게 그 영혼의 용량을 확장시켜 주십니다. 또 확장된 만큼 채워 주십니다. 그 영혼 안에는 결코 공백이 없습니다.

영혼이 줄어들거나 늘어날 수 있을까요? 이것은 질문입니다. 단단한 영혼의 경우, 하나님을 더 받아들이기 위해 확장될 때 갈기갈기 찢겨지는 것 같습니다. 그러나 성도는 정확히 무슨 일이 일어나고 있는지 깨달아야 합니다. 그것은 그리스도를 더 받아들이기 위해 영혼이 확장되는 것입니다. 영혼이 더 많이 찢겨지게 둘수록, 이 과정은 더 신속하게 진행됩니다.

나는 믿음의 사람이 이러한 확장과 축소의 과정에 자신을 맡기는 것이 대단히 어려운 일임을 잘 알고 있습니다. 그 사람은 해를 당하는 것처럼 보이는 이 과정을 피해 보려 합니다. 그는 여기에 언급되어 있는 진리를 분명히 믿지만, 안타깝게도 행하지는 못합니다. 상상 이상으로 실패합니다. 영혼이 저항하면 할수록, 고통은 더 길어집니다. 그래서 많은 사람들이 불신앙 때문에 완전히 비우고 완전히 소유하는 이 생명에 결코 이르지 못하고 있습니다.

자기 삶을 세우고 무너뜨리며 삶을 보내는 사람들이 있습니다. 그들은 내면의 공허로 고통받지 않습니다. 공허가 찾아오자마자, 자기의 수고로 그것을 채워 버리기 때문입니다. 사실 그들은 모든 것을 얻고 아무것도 잃고 싶지 않은 것입니다. 하나님의 생명이 들어올 빈 공간이 있어야 한 영혼에게 하나님의 생명의 깊이와 그러한 삶을 사는 것이 완전히 허락됩니다.

그렇게 되도록 자신을 포기하는 사람이 거의 없습니다. 그러나 내가 말하고 있는 것을 경험한 사람들은 그 의미를 완전하게 이해합니다.

15절에서 하나님은 백성들에게 무교병을 칠 일 동안 먹으라고 하십니다. 그리고 그 기간에는 집 안에 누룩이 든 떡이 있어서는 안 됩니다.

나는 이것이 매우 의미심장한 기간이라고 봅니다. 어쩌면 우리는 여기서 7년이라는 일종의 신원 보증 기간을 보는 것일지도 모릅니다. 이 기간에 성도의 영혼은 순전한 믿음의 광야로 들어가기 전에 자기가 만들어 낸 것들을 조금씩 잃어버리는 상실의 시간을 통과해야 합니다. 하나님은 누룩이 든 떡을 보관하고 그 떡을 먹는 자들은 이스라엘에서 끊어질 것이라고 못박으십니다. 즉 그들은 결코 정화된 심령을 얻지 못하게 될 것입니다.

23절에서 하나님은 애굽인들을 치실 것을 약속하십니다. 그리고 문설주의 피를 보시면, 그 문을 넘어가셔서 그 집 안에 있는 사람들을 죽이지 않으실 것이라고 하십니다. 주 예수 그리스도의 인과 피로 표를 받은 사람들에게는 두려울 것이 하나도 없습니다. 하나님은 애굽을 떠나는 사람들, 곧 그리스도의 피 외에는 아무것도 신뢰하지 않는 자들, 자기의 모든 의를 잃어버리면서 자기 안에 있는 것 전부를 기꺼이 단념해야 한다는 것을 깨닫는 사람들에게 신실하신 분입니다.

그들은 그분의 피로 표를 받았기 때문에 모든 것을 소유하는 것보다 더 안전합니다. 그리고 이 피는 그들의 모든 공적의 전부입니다. 다른 공적은 없습니다.

이어서 하나님은 백성들에게 다음과 같이 말씀하십니다. "이후에 너희 자녀가 묻기를 이 예식이 무슨 뜻이냐 하거든, 너희는 이르기를 이는 여호와의 유월절 제사라 여호와께서 애굽 사람을 치실 때에 애굽에 있는 이스라엘 자손의 집을 넘으사 우리의 집을 구원하셨느니라 하라."

이것이 어떻게 하나님을 영광스럽게 하는 방법입니까? 이 예식이 무슨 뜻이냐고 자녀들이 물으면, 오직 하나님만이 이루시는 주님의 순수한 희생이라고 말하십시오.

영혼이 모든 기준을 상실하고 하나님께 나아갔다면 출애굽의 여정 중에 있다는 증거입니다. 그리고 그 시간에 진정으로 내적인 사람은 히브리인들처럼 하게 될 것입니다. 그 사람은 모든 것을 하나님께 돌려 드리기 위해 피조물의 전부를 취하는 것이라는 사실에 머리 숙여 복종하고 경배하게 될 것입니다.

하나님은 모세에게 이것이 유월절을 행하는 방식이며, 이방 사람은 아무도 그것을 먹지 못할 것이라고 말씀하십니다. 나는 이것이 애굽에서 나와 순전한 믿음의 광야로 나아가는 신비로운 여정 중에 있는 영혼의 상태라고 봅니다. 만일 어떤 성도가 완전히 하나님께 속한 자가 아니라면, 이 경험은 그가 이해할 수도, 참여할 수 없는 것으로 남게 될 것입니다. 오직 자기를 포기해야만 온전히 먹을 수 있습니다. 여기에 단순하고, 쓰고, 까다로운 음식이 있습니다. 그것은 노출된 상태입니다. 이방 사람들은 맛볼 수 없을 뿐만 아니라, 그들에게 힘을 주지도 못합니다. 그러니 이방 사람들이 그것을 이해조차 못하더라도 놀라지 마십시오. 하지만 부름 받은 자들과 택함 받은 자들에게는 참으로 맛있는 음식이 여기에 있습니다.

이제 우리는 매우 흥미롭고 결정적인 지점에 이르렀습니다. 이방 사람들은 이 음식을 먹을 수 없을 뿐만 아니라 할례 받지 않은 자는 여정에 함께할 수도 없습니다. 그러나 하나님이 특별히 선택하신 사람들을 통해 그런 내적 길을 보고 참여하게 된 사람들이 있습니다. 그런 사람들도 이런 방식으로 먹습니다. 그러나 돈 때문에 일하는 이방인도 있습니다. 그는 자기 이익을 추구합니다. 그런 사람은 이것을 먹을 수 없습니다. 그는 오로지 개인의 이익을 바라고 타협하며 먹게 해 달라고 구합니다. 그런 사람에게는 이것이 허락되지 않습니다.

만일 어떤 이방 사람이 와서 그들과 연합하고 이 길에 들어오기를 원하면, 먼저 그의 옛 습관들을 끊게 하십시오. 오직 애굽의 것을 제거한 후에야 와서 그들과 어울리며 교제하게 하십시오. 그들처럼 여기고 거기서 **유월절 음식**을 먹게 하십시오.

이제 49절에서 하나님은 우리, 곧 나그네와 본토에서 태어난 자 모두-쉽게 왕국의 길로 들어오는 자들과 그것이 어렵다는 것을 깨닫는 자들-에게 오직 한 가지 법만 있다고 말씀하십니다. 둘 다 내적인 것들이 신비하게 소멸되는데, 이것은 누구도 피할 수 없는 과정입니다. 하나님은 영적인 것들의 법을 바꾸지 않으십니다.

잔느 귀용의 묵상집
Exodus_출애굽기

    하나님은 17절에서 흥미로운 일을 하십니다. 그분은 방금 애굽에서 나온 백성들에게 블레셋 사람의 땅으로 피하는 것을 허락하지 않겠다고 말씀하십니다. 그리고 그 이유를 밝히시는데, 하나님의 백성이 이 시점에 전쟁을 치르게 되면, 낙심하여 애굽으로 돌아가게 될 것이기 때문입니다.

    애굽 땅에서 나와 여정을 시작하는 사람들과 믿음의 광야로 방금 걸어 들어온 사람들은 이 시점에는 강한 압박을 거의 경험하지 않습니다. 그들에게는 이미 인내하는 것들이 많습니다. 지금 블레셋 사람들, 곧 어둠의 세력과 맞닥뜨렸다가는 큰 피해를 입게 될 것입니다. 시작부터 유혹의 공격을 받게 되면, 그들은 옛 습관으로 돌아갈 가능성이 큽니다. 그들이 지금 걷고 있는 이 새로운 길에 익숙해지려면 시간이 조금 필요합니다.

그들은 블레셋 사람의 땅을 지나가는 대신 더 먼 길로 돌아가야 합니다. 길을 떠나 광야로 들어간 백성들은 전쟁을 경험하지 않습니다. 이후로는 하나님이 그들을 위해 싸워 주실 것입니다.

다른 사람들은 전투를 벌이고 은혜로 힘을 얻을지도 모릅니다. 그러나 이 믿음의 새로운 삶은 그렇지 않습니다. 영혼은 상당히 연약하고 쉽게 사랑에 빠지지만, 전쟁에는 강하지 않습니다. 전쟁의 시련을 통과하는 것보다 믿음의 광야를 통과하는 것이 더 낫습니다. 당신에게는 광야가 더 안전하게 보일지도 모르겠습니다. 사실 광야를 통과하는 길은 더 멀고 더 고통스럽습니다.

이제 경계표가 없는 광야로 걸어 들어가는 그들을 보십시오. 그들은 하늘을 살펴보고 구름을 봅니다. 낮에도 빛이 있을 것이고 밤에도 빛이 있을 것입니다. 이 빛은 자기를 포기한 이 백성들을 돌보시는 하나님 자신입니다. 지금 그들에게는 하나님 외에는 아무것도 없습니다. 하나님이 그들을 돌보시고 이끌어 주실 것입니다. 그분은 한순간도 그들을 홀로 두지 않으십니다.

    사막으로 들어서면서 그들은 눈을 들어 하나님이 그들을 인도하고 계시는 것을 보고 깨닫습니다. 그들은 처음으로 빛이며 인도자이신 하나님을 따르는 것을 배우고 있습니다.

    이것은 오늘 믿음의 광야로 걸어 들어가는 당신에게 무엇을 의미합니까? 그것은 당신 안에 빛이 있고 구름 기둥과 불기둥이 있음을 의미합니다. 내주하시는 그리스도께서 당신 안에서 당신을 이끌어 주십니다. 당신은 더 이상 당신을 이끌어 줄 실재적 대상물을 바라보지 않게 될 것입니다. 외부적이고 외면적인 것들은 하나님의 인도하심 가운데 점점 더 발붙일 곳이 없어집니다. 당신은 구름 기둥과 불기둥을 따라가게 될 것입니다.

    이것은 뚜렷한 빛이 아닙니다. 상당히 희미한 빛입니다. 이것은 영혼이 쉽게 산만해지지 않게 하려는 것입니다. 하나님이 하시는 일을 **너무 많이 앎으로** 산만해지는 것을 막기 위함입니다.

    낮의 열기를 식혀 주시는 하나님은 광야에서 경험하는 밤의 어둠을 조금 흩어버리십니다. 하나님이 베푸신 이 은혜는 그 영혼을 이 무시무시한 광야에서 보호해 주는 것들 중 하나입니다. 구름과 불은 담대하게 애굽을 떠나 하나님 안에서 믿음의 광야를 통과하는 길을 따라나선 사람을 실망시키지 않습니다.

잔노 귀용의 묵상집
Exodus_출애굽기

이제 하나님의 백성들은 애굽을 떠났고 믿음의 광야에서 첫 번째 시련이 닥칩니다. 그들은 두려움에서 현실로 나아가야 합니다. 애굽 군대가 그들을 추격해 오고 있습니다. 그들은 두려움에 떨며 모세에게 말합니다. "애굽에 매장지가 없어서 당신이 우리를 이끌어 내어 이 광야에서 죽게 하느냐? 어찌하여 당신이 우리를 애굽에서 이끌어 내어 이같이 우리에게 하느냐?"

믿음의 길은 그들에게 생소합니다. 그들은 풋내기들입니다. 그들은 하나님의 방법을 알지 못합니다. 자기들의 결정과 광야와의 첫 대면을 후회하지 않을 만큼 충분히 자기를 하나님께 내어 드린 사람들은 극소수입니다. 그들은 한편으로는 원수의 수중에 떨어질 것 같고, 다른 한편으로는 바다에 빠져 죽기 직전입니다. 죽는 게 확실해 보입니다. 만일 죽는 것이 확실하다면, 어째서 그들은 애굽에서 죽지 않은 걸까요? 애굽에서 죽는 것이 훨씬 더 낫습니다!

모세는 그들에게 두려워하지 말라고 합니다.

사랑하는 친구들이여, 나도 "두려워하지 말라"고 할 것입니다. 죽음은 피할 수 없는 것입니다. 당신은 그것을 벗어날 수 없습니다. 당신은 기력을 잃었고, 살아 있는 사람에게 아무런 도움도 받지 못할 것입니다. 당신의 하나님은 곧장 무시무시한 바다를 통과하는 길을 알고 계십니다. 당신이 주의할 것은 오직 한 가지, 자기 포기의 상태에서 **벗어나지 않는 것**입니다.

이 시점에 그 영혼은 기적을 기억하지 못합니다. 사방이 캄캄합니다. 고뇌는 말로 표현할 수 없을 정도이고, 모든 것이 죽음의 형상과 그림자로 나타납니다.

사랑하는 자여, 용기를 내십시오. 당신은 홍해 바닷가에 이르렀고, 거기서 곧 원수가 보응 받는 것을 보게 될 것입니다. 지금 가고 있는 길을 따라가십시오. 반석처럼 버티고 흔들리지 마십시오. 지금 있는 곳에서 벗어날 구실을 찾지 마십시오.

이제 하나님이 당신을 위해 싸우실 것입니다. 많은 사람들이 이곳에서 넘어집니다. 그들은 빠져나가는 길을 발견하지 못합니다. 그들은 여기서 멈춰 서서 절대로 앞으로 나아가지 않습니다.

만일 당신이 이 시점에 있는 다른 그리스도인을 돕고 있다면, 사랑과 인내를 가지고 상실의 두려움에서 오는 모든 불평을 받아주는 것이 중요합니다.

모세는 어떻게 해야 할지 몰라 하나님을 의지합니다. 주님은 말씀하십니다. "너는 어찌하여 내게 부르짖느냐? 이스라엘 자손을 명하여 앞으로 나가게 하라." 하나님의 선하심과 그분의 능력은 지극히 위급한 순간에 빛을 발합니다.

이 시점에 당신에게 필요한 것은 무엇입니까? 필요한 것은 용기와 자기 포기뿐입니다. 그리고 다른 모든 것들을 집어삼키는 이 깊은 바다는 진정으로 자기를 포기한 자들에게 마른 땅이 될 것입니다. 그들은 다른 이들이 죽음을 발견하는 곳에서 생명을 찾게 될 것입니다. 당신은 앞으로 나아가기만 하면 됩니다.

모세는 결정을 내려야 했습니다. 이 결정으로 마른 땅을 걸어갈 수 있게 되었습니다. 당신의 영을 외적 감각들과 분리할 필요가 있습니다. 그것이 분리되면, 그 영혼은 완전히 자기 포기의 길을 가며 기꺼이 바다를 헤치고 나아갈 수 있습니다. 다른 사람들에게는 멸망의 반석이 그런 사람에게는 안전한 피난처가 됩니다.

이제 하나님의 사자가 나타납니다. 애굽 군대는 하나님의 사자 쪽에 있고, 하나님의 백성들은 맞은편에 있습니다. 그래서 두 무리는 밤새 서로에게 접근할 수 없습니다.

이것은 오직 하나님만이 베푸시는 구원(도움)의 아름다움을 보여 줍니다. 이스라엘에는 다른 구원이 없습니다. 이 순간에도 그들은 하나님의 도우심을 거의 또는 전혀 깨닫지 못합니다. 이것은 구원의 확신도 없이 바다로 들어가서 죽겠다는 것입니다. 지금 그들은 하나님과 아무 상관도 없는 것처럼 보입니다. 그들은 하나님에 대해 아는 것이 하나도 없습니다. 그러나 보이지는 않지만 하나님의 천사가 뒤에서 그들을 보호하고 있습니다. **그들은 한 번도 지금처럼 보호 받은 적이 없었습니다.** 하나님은 애굽을 떠나는 자들을 이와 같이 인도해 주십니다. 그분은 그런 영혼들을 누르는 사탄의 세력을 제거해 주십니다.

이제 모세가 지팡이를 들어올리자 강한 바람이 불기 시작합니다. 바다가 말라 바닥이 드러나고 물이 갈라집니다. 하나님의 백성들은 마른 땅을 걸어갑니다.

우리 가운데 육적인 부분이 있고 영적인 부분이 있는데, 이 둘을 갈라놓는 분이 성령님이라는 사실에 주의하십시오. 여기서 물은 하나님이 택하신 백성을 보호하는 벽이 됩니다. 자연의 이치에 따르면 빠져 죽겠지만, 이 물은 적의 공격에서 보호해 주고 안전을 확실하게 지켜줍니다. 그러나 한 가지 주의할 것이 있는데, 손을 내밀어 물이 둘로 갈라지도록 신호를 보낸 것은 모세였지만, 실제로 그 일을 하신 분은 성령님이라는 사실입니다.

인간의 힘으로는 자기를 분리할 수 없습니다. 이것은 성령님만이 하실 수 있습니다. 믿음의 광야에서 어둡고 깜깜한 한밤중에 뜨거운 바람이 불어와 위험한 물들을 마르게 합니다. 성령님은 외면적이고 외적인 감각들과 깊고 풍성한 영을 분리하십니다. 영과 혼을 분리하십니다. 영혼이 고갈되어 탈진 상태가 되면, 쉽게 분리할 수 있습니다. 그의 내적 능력과 각 기관들의 힘이 다 상실되어 극심한 고갈 상태가 될 때 그렇게 하십니다. 이러한 총체적인 고갈로 인해 모든 것이 중심으로 흘러가게 될 때, 때로는 성령님을 가장 잘 분별할 수 있게 됩니다.

지금 애굽 군대들은 병거와 말을 타고 하나님의 백성들을 바짝 추격하고 있습니다. 그런데 이때 하나님이 간섭하십니다. 모든 애굽 군대는 큰 물결에 휩싸입니다.

애굽인들은 이 순간에 자기들도 마른 땅을 건널 수 있을 것이라 믿었는지도 모르겠습니다. 그러나 그들은 바다에 빠져 파도에 휩쓸리고 말 것입니다.

  앞으로 나아가라고 명령을 내리실 수 있는 분은 하나님 한 분뿐입니다. 오직 주님만이 그 영혼의 기초를 세우시고 아무것도 아닌 것을 깨닫게 하십니다. 하나님이 우리의 권세가 되시고 영적으로 인도해 주실 때, 그분으로 인해 이런 일들이 일어나게 됩니다. 이 시점에 부족한 단 한 가지 요소가 있다면, 그가 아는 것이든 모르는 것이든, 하나님이 기뻐하시는 모든 일들이 그 영혼에게 일어나도록 철저히 내어 드리는 것입니다.

잔느 귀용의 묵상집
Exodus_출애굽기

구원이 임하자 하나님의 백성들은 갑자기 승리의 찬송을 부르기 시작합니다. 그들은 하나님께서 애굽의 말들과 마병들을 바다에 던져 넣으신 것을 보면서 소리 높여 감사의 노래를 부릅니다.

이렇게 엄청난 최초의 구원을 경험한 후, 눈이 열린 영혼은 새 노래로 하나님을 찬양합니다. 이것이 최초로 경험하는 구원의 참된 행복입니다. 신실하게 자기를 포기한 사람들은 모두 이와 같은 경험을 해야 합니다. 지금까지 기적과 특별한 예비하심이 있었습니다. 그러나 백성들의 눈은 하나님의 놀라운 일들을 볼 수 있을 만큼 충분히 열려 있지 않았습니다. 이제 그들의 눈이 열립니다. 그들은 노래하고 찬양하며 감동을 받아 감사드립니다. 그들은 하나님의 속성을 조금 이해하게 되었습니다. 그리고 자기들에게 일어났던 모든 일들이 하나님의 은혜임을 받아들입니다. 그들은 하나님이 자기들을 위해 행하신 일에 대해 신실하게 그분께 모든 영광을 돌립니다.

자기를 포기한 자들은 찬양하는 자들입니다.

이제 우리는 22절에서 그들이 홍해를 통과하여 수르 광야로 들어가는 모습을 봅니다. 그들은 광야에서 사흘 길을 걸었지만 물을 얻지 못합니다. 모세를 따라가며 하나님을 따르는 이 백성들은 결국 자기들 앞에 있는 타는 듯한 광야를 통과하기 위해 매우 견고한 기반을 다지게 될 것입니다. 그러나 아직은 그렇게 확고하게 세워지는 단계에 이르지 못했습니다. 마실 물 없이 삼 일을 걷는 것보다 훨씬 더 지독한 일들이 그들을 기다리고 있습니다.

애굽에서 나와 죽음의 바다를 통과했을 때, 우리는 항상 그것이 고통의 끝이라고 생각합니다. 정말 그렇습니다. 우리는 늘 그렇게 생각하는 것 같습니다. 사실 재앙은 단지 시작에 불과한데도 말입니다. 우리는 새로운 삶을 즐겼습니다. 모든 것이 성취된 것 같다고 느끼며 안락을 즐겼습니다. 우리의 문제들은 이제 지나간 일입니다.

그러나 하나님을 **발견했다고** 그분을 완전히 소유한 것은 아닙니다. 나아가 이것은 하나님께 사로잡힌 상태가 아닙니다. 그런 상태가 되려면 엄청나게 순결한 사랑이 필요합니다. 애굽에서 나온 지 삼 일 된 이 백성들이 가진 것보다 훨씬 더 많은 사랑이 있어야 합니다.

너무나도 많은 사람들이 담대하게 홍해를 **건너고도**, 극소수만이 그 후에 일어나는 일을 통과할 수 있다는 사실이 놀랍습니다! 우리는 이것을 분명히 보게 될 것입니다.

당신은 모든 **외적** 활동과 모든 외적 **관심**에서 자유로워질 필요가 있고, 뒤에 남겨 두고 온 것을 결코 다시 시작해서는 안 됩니다.

당신은 **내적** 삶과 관련된 다양한 상황들, 각각의 새로운 단계와 수준 등 모든 것에 먼저 희생이 있어야 한다는 것을 알아야 합니다. 다음으로 자기를 포기하게 되고, 그 후에는 항상 절대적인 **결핍**의 상태가 이어집니다. 이것은 삶 가운데 단 한 번만 일어나는 것이 아니라, 당신이 하나님께 점점 더 가까이 나가는 동안 계속해서 일어납니다.

하나님을 향한 당신의 사랑이 정화되는 동안, 혼이 먼저 **희생**으로 들어갑니다. 즉 그 자체를 하나님께 올려 드리는 것입니다. 그 후에 혼은 하나님께 **자기를 내어 드립니다.** 그리고 하

나님 앞에서 **결핍된 상태로 있게 되는데**, 어쩌면 하나님이 그
분 앞에서 **결핍된 상태로 두시는 것인지도** 모르겠습니다.

각 단계의 성도에게 주어지는 분량과 빛에 의해 그 단계가
깊어집니다.

마침내 성도의 영혼은 '벌거벗은 믿음'이라 부르는 단계로
들어갑니다. 여기서 성도는 그의 혼이 다른 사람들이나 자신의
과거 상태와는 매우 다르다는 것을 깨닫고 여전히 새로운 희생
을 드립니다. 지속적인 희생, 자기 포기 그리고 결핍의 상태에
있는 것입니다.

당신은 이 시점에서 그런 성도는 내적 성숙의 단계로 나아
갔을 거라고 생각할지도 모르겠습니다. 그러나 사실은 **그 반대**
입니다. 그는 장년에서 유아로 돌아간 거의 새로 태어난 상태
가 됩니다.

어떤 사람들은 자신을 결핍된 상태로 두지만, 한 영역에서
만 그렇게 하고 다른 영역에서는 그렇게 하지 않습니다! 그리
고 **한 영역**에서는 상당히 잘하면서 **다른 영역**에서는 실패합니
다. 내적 삶에 헌신하는 사람들 대다수가 자기를 포기한 후 물
러섭니다. 그렇지 않으면 일부 영역에 자기의 것을 계속 간직
합니다.

홍해를 건넌 후에는 항상 **광야**가 있다고 나는 자신 있게 말

할 수 있습니다. 우리가 통과해야 하는 곳은 낯선 환경의 낯선 장소입니다. 다가오는 결핍의 기간은 너무나 지루해서 대다수가 지치고 말 것입니다.

그러는 사이 성도의 영혼은 이제 자기를 위해 더는 어떤 것도 소유하지 않게 됩니다. 그러므로 아무것도 그 영혼을 만족시키지 못합니다. 그리고 그 영혼은 자신이 물 없이 광야에 있다는 것을 깨닫습니다. 그는 자신이 갈증으로 죽게 될 것이라고 확신합니다.

하나님의 백성들은 이제 마라에 도착합니다. 그곳의 물은 씁니다. 그들은 무엇을 마시게 될지 궁금해합니다.

이렇게 높은 단계에서 **주어지는** 물은 모두 너무나 쓰기 때문에 마실 수가 없습니다. 그래서 불평이 나옵니다. 물론 대다수가 이렇게 불평을 터뜨리면서 죄를 짓는 것은 아닙니다. 그들의 불평은 생존 본능으로 영에서 나오는 불평은 아닙니다. 그럼에도 불구하고 이러한 생존 본능이 영을 공격할 수도 있고, 이와 같은 불평이 생존 본능의 문제에서 나아가 쓴 뿌리와 반역이 **될 수도 있습니다**. 이것이 이해하기 어려울지도 모르겠습니다. 하지만 **불평**은 **자기 포기**의 상태에서 일어날 수도 있습니다. (그것은 결핍의 상태에서는 일어나지 않습니다.)

이제 하나님은 모세에게 한 나무를 보여 주십니다. 그 나무를 물에 던지자, 물이 단물이 됩니다.

우리는 여기서 쓴물에 던져 넣어 쓴물을 단물로 바꾼 능력을 가진 나무, 곧 십자가를 보게 됩니다. 우리의 삶에 들어오는 것들은 십자가에 의해 정도가 약화된 것들입니다. 하나님은 이 무서운 광야에 있는 영혼을 위로해 주시는데, 십자가의 달콤함으로 위로해 주십니다.

경험해 보지 못한 사람들은 이것을 이해하기 어려울 것입니다.

이것은 고통도 즐거움도 없는 믿음의 광야에서 영혼이 아무것도 아닌 상태로 이와 같은 어려움에서 벗어나기 위해 괴로움을 받아들이는 것으로 이해해야 합니다! 너무나도 모순적인 일입니다! 그러나 자기 사랑은 이상하게도 그것이 무엇이든 소유하는 것에 대한 열망이 너무나 강해서 **아무것도 소유하지 않는 것**보다 오히려 **고통 받는 것**을 좋아합니다! 선도 악도 느끼지 않는 것보다 오히려 지독한 병을 앓기를 원합니다. **무엇인가**를 느껴야 하는 것입니다!

이런 상태, 곧 아무것도 아닌 상태를 맛보기 시작한 사람들은 내가 여기서 말하는 것이 사실이라고 고백할 것입니다. **무가치함**만큼 무서운 것은 없습니다. 만일 우리가 어떤 것을 의지하며 간신히 살아간다면, 그것이 주는 고통이 아무리 지독해도 무가치함을 느끼는 것보다 더 안심합니다.

이때 우리는 정말 이상한 일을 보게 됩니다. 하나님은 여기서 이 성도의 혼에 **평안**을 주고 계십니다. 고통받는 것이 평안이고 위로입니다! 고통이 성도의 혼에 물을 주고 위로, 위안을 줍니다.

하나님의 백성들은 이제 열두 샘과 칠십 그루의 종려나무가 있는 엘림에 이르게 됩니다. 그들은 홍해를 건넌 후, 많은 수고와 환난을 겪었습니다. 이제 하나님은 그들에게 치유의 시간을 주실 것입니다. 항상 그늘과 물이 있는 회복의 장소가 있습니다. 십자가의 고난 후에 잠시 휴식을 주시는 것이 하나님의 방법입니다.

하나님의 방법에 대한 경험이 많지 않은 영혼은 이 시점에 이미 승리를 얻었다고 착각합니다. 그렇습니다. 세상적인 것들과 어둠의 영역에 속한 것들이 홍해 바다 속에 있을지도 모른다는 것이 사실입니다. 그러나 싸우시는 하나님이 여전히 계십니다. 하나님은 믿음의 사람을 많이 시험하십니다.

한 지파에 하나씩, 열두 샘이 있다는 것에 주의하십시오. 그러나 열두 지파를 위한 열두 샘은 오직 내적 백성들을 위해 준비된 것입니다. 이 열두 샘은 주 예수 그리스도의 깊은 부분에서 흘러나와 신실한 자들 **안에 있는 깊은 부분으로** 흘러들어가는 그분 자신을 의미합니다.

잔느 귀용의 묵상집
Exodus_출애굽기

엘림을 떠난 히브리인들은 먹을 것이 떨어져 굶주리자 모세와 하나님을 원망하며 불평합니다. 그들은 광야에서 주려 죽는 것보다 차라리 먹을 것이 풍부한 애굽 땅에서 죽었더라면 더 좋았을 것이라고 말합니다.

하나님은 그들에게 만나를 양식으로 내려 주셨습니다.

영을 떠나 자기 힘으로 살아가려고 노력하는 사람은 정말 약하고 어리석습니다. 성숙한 그리스도인은 그런 연약한 자들에 대한 책임이 있습니다. 나는 그런 지체들을 인내로 대할 것을 강력히 권합니다. 그들은 하나님께 바칠 것이 얼마나 적은지 알게 되면서 그 사실을 감당하기 어렵다는 것을 깨닫게 됩니다. 그들의 자연스러운 불신앙은 하나님이 그들에게 간절히 바라시는 수동적인 상태에 남아 있지 못하게 방해합니다. 연약한 지체들은 자기들의 불편함이 그들의 선생과 조언자들 때문이라고 탓합니다. 그들은 전에 하나님 안에서 경험했던 빛과 감미로움을 그리워합니다. 그들이 그렇게 즐거운 상태에서 하나님을 향해 느꼈던 **열기**는 **영적**이기보다 오히려 감각적이었다는 사실을 그들은 깨닫지 못합니다.

    육적 존재인 우리가 영적인 존재가 되어 하나님 한 분만 믿는 것에 만족하는 것은 대단히 어려운 일입니다! 우리는 얼마 동안 내적 삶을 떠나는 경우가 많습니다. 우리가 원해서가 아니라, 단지 우리의 육적 본성이 박탈의 고통을 겪으며 우위를 점하고 원하는 대로 하기 때문입니다.

    내적인 길에서 진보하고 있는 사람들 대다수는 무슨 일이 일어나고 있는지 알지 못합니다. 그들은 더 즐거웠던 이전 상태가 하나님을 더 기쁘게 해 드렸다고 생각합니다. 그들은 "만일 내가 **그때** 죽었더라면, 하나님 앞에서 나의 상태는 지금보다 훨씬 더 좋았을 텐데." 하고 생각합니다.

    우리는 이 백성들의 불평과 원망을 **하늘의 만나**로 돌려주시는 하나님의 선하심을 봅니다. 하나님이 그들에게 내려 주신 이 양식은 그들의 불평이 그들의 의지로 한 행동이 아니었다는 것을 보여 줍니다.

　어쩌면 당신은 주님 안에서 더 장성하고 성숙한 사람일지도 모르겠습니다. 그런 당신이 이와 같은 사람을 돌보고 있다면, 그들을 불쌍히 여겨 주십시오. 그들은 그럴 만한 가치가 있는 사람들입니다. 하나님이 그들을 대하시는 것처럼, 그들을 대하십시오. 무엇보다 그들이 내면에서 지속적으로 하나님을 찾도록 격려해 주십시오. 그들이 약해 보일수록, 그들을 양육하고 힘을 주시는 하나님과의 교제가 더 많이 필요합니다. 궁핍에 처한 동안, 주님은 백성들이 **그분**을 만나처럼 **매일**의 양식으로 받아들이기 바라십니다. 하나님이 말씀하신 것처럼 '그들이 주의 율법을 준행하나 아니하나 시험하시려는 것'입니다.

　이것이 이 시점에 하나님이 이 신실한 영혼들에게 바라시는 유일한 시험입니다. 이것은 하나님이 그들에게 주시는 복을 받아들일 것인가, 받아들이지 않을 것인가에 대한 시험입니다. 그들은 자기들이 당하는 고통 때문에 하나님과 친밀하게 동행하는 것을 포기하고 싶은 유혹을 자주 받습니다. 그러나 하나님은 그들이 매일 성실하게 그분을 받아들이는지 보시려고 그들을 시험하고 싶어 하십니다. 이것은 하나님이 백성들의 순종을 확인하시는 방법입니다. 그분은 그들이 내키지 않아도 순종하는지, 동시에 자기들의 본심이 아니라는 것을 기꺼이 인정하는지 보기 원하십니다.

하나님은 이미 우리에게 주신 만나를 모으지 못하게 하실 때 **안식의 날들을 주신 것입니다.** 그러나 그런 상태는 임시적인 것입니다. 하나님은 짧은 휴식을 주신 다음, 양식을 위해 매일 수고하는 자리로 성도를 돌려보내십니다. 그렇지만 그는 자기가 받아 간직해 두었던 만나로 계속 살아가며 거기서 두 배의 은혜를 끌어냅니다. 하나님 안에서 이와 같이 휴식을 취하는 것은 믿는 자에게 직접 수고하는 것보다 더 많은 것을 가져다줍니다.

이렇게 연약한 성도들을 향한 하나님의 인내하심은 어린 지체들을 돌보고 있는 모든 자들에게 본이 됩니다. 다른 사람들의 연약함을 보고 놀라거나 귀찮아하지 않고, 그들을 진리로 판단하는 것은 확실히 영적으로 진보한 사람의 모습입니다. 그러나 어리석은 사람들은 연약한 자들에게 비난과 고행의 짐을 지워 줍니다. 이렇게 매정한 지도자들은 완전해지는 것이 불가능한 목표처럼 보이게 하여 그들을 낙심시키고 계속 나아가지 못하게 만듭니다.

하늘에서 내려온 만나에서 우리는 내적으로 그리스도와 함께하는 근사한 모습을 보게 됩니다! 이 얼마나 영광스러운 신비입니까! 아주 적은 양만 받은 사람도 더 많이 받은 사람만큼 그 안에 그리스도의 실재를 소유하게 됩니다. 또 더 많이 참여하는 사람도 적게 참여하는 사람보다 결코 더 많이 가지지 않습니다. 각 사람은 먹을 수 있는 양보다 더 많게도, 더 적게도 받지 않습니다. 다시 말하면 예수 그리스도의 모든 것이 가장 많은 양은 물론 가장 적은 양에도 **온전하게** 들어 있습니다.

오 주님, 이 놀라운 만나의 본질 안에서, 주님은 주를 찾는 모든 이에게 자신의 전부를 주십니다.

이것도 거룩한 상태를 보여 줍니다. **모든** 성도는 각자의 그릇에 따라 **그리스도의 생명을 충만하게** 소유하게 됩니다. 더 성장한 사람은 물론 새신자도 충만합니다. 그리스도인은 성숙할수록 그릇이 점점 더 커져서 하나님을 더 많이 소유할 수 있지만, 그럼에도 모든 것 가운데 전부이시며 그들 각자에게 모든 것이 되시는 분은 동일한 하나님이십니다. 하나님만이 그들을 충만하게 하시고 진정으로 만족시키실 수 있습니다.

잔느 귀용의 묵상집
Exodus_출애굽기

　이스라엘 백성들은 모세가 그들을 광야에서 목말라 죽게 하려고 애굽에서 인도해 내었다고 비난하며 원망했습니다. 하나님은 모세에게 특별한 반석을 주시리라 약속하셨습니다. 모세가 그 반석을 치자 그 반석에서 물이 솟아나왔습니다.
　이 여정에서 견뎌야만 했던 고통스러운 갈증은 자기 사랑의 모습을 보여 줍니다. 하나님이 택하시고 아끼시는 이 백성이 하나님께 불평합니다. 그러나 하나님은 무한한 선하심으로 지치지도 않고 백성들에게 필요한 것을 대주셨습니다. 그 반석은 물, 곧 은혜의 물을 내어 그들을 해갈시켜 주었습니다. 하나님은 이 반석 위에 서 계셨는데, 그분이 이 은혜의 원천이십니다. 하나님께 온전히 순복한 상태로 있는 것은 대단히 어려운 일입니다. 간혹 순복했다가 뒤로 물러나는 사람들은 언제나 있을 것입니다. 그런데도 하나님은 이따금씩 그분에게 신실하지 않은 바로 이런 사람들에게 변함없이 복을 내려 주시는 분이라는 것을 증거하시려고 반석에서 물을 내십니다.

백성들이 "우리가 하나님이 우리와 함께하시는지 아닌지 볼 것이다." 했기 때문에 모세는 이들이 여호와를 '**시험**' 하는 **잘못**을 저질렀다고 말합니다. 백성들은 그들의 하나님을 시험하고 있었던 것입니다.

특히 우리가 이 백성들처럼 광야를 통과하며 인도함을 받을 때, 표적을 바라지 않는 것은 불가능한 일입니다. 우리는 **의심으로 동요**하게 됩니다. 자신을 온전히 비울 수가 없습니다. 이것은 우리가 광야에서 보내는 시간을 **더욱 길어지게 합니다.** 이런 이유로 거의 전부가 약속의 땅에 이르기 전에 길에서 죽게 됩니다.

이스라엘 백성들은 적인 아말렉을 만났습니다. 모세는 여호수아를 보내어 그들과 싸우게 합니다. 그는 그동안 하나님의 지팡이를 손에 잡고 산꼭대기에 섰습니다. 모세가 손을 들 때마다 이스라엘이 이기고, 손을 내리면 아말렉이 이겼습니다. 아론과 훌이 모세의 양편에 서서 그의 손을 붙들어 주었고, 그렇게 하여 여호수아는 아말렉을 이겼습니다.

하나님을 따르도록 부름 받은 자들에게는 박해가 있기 마련입니다. 자연인은 이런 사람들에게 싸움을 걸어 그들을 멸망시키려 합니다. 모세가 손을 든 것은 자기 포기와 믿음으로 하나님 앞에 고결한 상태로 **서 있는** 우리의 **신실함**과 어떤 적을 만나든지 **오직** 하나님만 바라보겠다는 우리의 결단을 나타냅니다. 그리고 이런 상태에 있을 때, 우리는 쉽게 승리를 얻게 됩니다.

그러나 모세가 손을 내릴 때, 즉 우리가 다시 자기에게 몰입하게 되면, 우리는 즉시 패배합니다. 자기 약점에 몰입한 우리의 본성은 하나님보다 자기를 중시하기 시작하는 그 순간부터 허무하게 길을 잃고 헤매기 시작합니다. 그때부터 우리는 의심하고 주저하기 시작하며 고민하고 근심하게 됩니다. 그리고 이런 것들 때문에 패배하게 됩니다. 이런 상태에서 아말렉(자연인 또는 자기 사랑, 여기까지 도달한 성도에게 남아 있는 유일한 적)은 당장 우위를 점합니다.

이렇게 패배하지 않으려면, 우리는 계속 반석 위에 앉아 있어야 합니다. 즉 우리 자신을 확실히 순복시키고 자기 포기의 안식 속에 거해야 합니다. 그러면서 하나님을 향하여 손을 들고 믿음과 확신으로 고통 가운데 있는 우리 자신을 격려해야 합니다.

18

잔느 귀용의 묵상집
Exodus_출애굽기

모세의 장인 이드로가 광야에 있는 이스라엘의 진을 찾아왔습니다. 그는 모세가 영적인 문제들은 물론, 세상의 일들까지 모든 짐을 지고 있는 모습을 보게 됩니다. 이드로는 모세에게 능력 있는 자들을 세우라고 충고합니다. 그들에게 작은 문제들과 논쟁들을 처리하게 하면, 영적인 지도자로서 힘을 비축할 수 있을 것이라고 말합니다. 모세는 이드로의 조언을 받아들여서 그대로 실행에 옮겼습니다.

이드로는 영적으로 탁월한 조언을 해주었습니다. 여기서 배워야 할 두 가지 규칙이 있습니다.

첫째, 이드로는 모세에게 백성들의 사소한 일들에 관여하지 말라고 하면서 일상의 문제들은 다른 사람들에게 맡기라고 합니다. 그러면서 백성들 가운데 하나님의 영광이 드러나게 하고 그들이 온전해지는 일에 전념하는 것이 그의 본분(일반적인 영적 지도자들의 책임)이라고 말합니다. 그러므로 영적 지도자들은 이런 짐을 지느라 무리하지 마십시오. 영원하고 중요한 일들에 써야 할 시간을 빼앗기게 됩니다. 더욱이 하나님은 그들에게 세상적인 일들을 처리하라고 명령하지 않으셨습니다. 그러니 그들은 그런 것들에 개입해서는 안 됩니다.

둘째, 모세는 여기서 장인의 조언을 겸손하게 받아들이는 놀라운 본을 보여 주었습니다. 그는 하나님의 영으로 충만한 사람이었지만, 이드로는 심지어 그의 백성도 아니었는데 말입니다. 그것이 누구에게 나온 것이든 진리와 선한 충고는 받아들일 필요가 있습니다. 하나님은 때로 지도자들에게 모든 선한 빛의 근원은 그분밖에 없다는 것을 보여 주시려고 권위나 은혜가 훨씬 열등한 사람들을 보내십니다.

잔느 귀용의 묵상집
Exodus_출애굽기

이스라엘 백성들은 시내 산 앞에 진을 쳤습니다. 모세는 하나님이 "너희가 내 말을 잘 듣고 내 언약을 지키면 너희는 모든 민족 중에서 내 소유가 되겠고 너희가 내게 대하여 제사장 나라가 되며 거룩한 백성이 되리라"고 말씀하신 산으로 올라갔습니다. 모세는 백성의 장로들에게 이 말씀을 전했습니다. 그때 하나님은 빽빽한 구름 가운데서 모세에게 임하셔서 백성들이 산에 접근하지 못하게 하라고 명하셨습니다. 그렇게 하지 않으면 그들은 죽게 될 것입니다.

사랑으로 보살피시는 하나님은 믿음으로 인도 받는 자들에게 선생(혹은 상담자)을 보내 주십니다. 주님은 그들이 그분의 뜻을 이해할 수 있게 도와주시려고 이렇게 하십니다. 모든 민족이 다 그분의 소유이지만, 내적인 백성들은 특별하게 하나님의 백성이 된 자들입니다. 이것은 그들이 자신을 철저하게 하나님께 내어 드릴 경우, 온전히 하나님의 것이 되어 다른 어떤 것도 그들 속에 자리할 수 없게 된다는 뜻입니다. 하나님은 그들을 모든 민족 가운데서 택하실 것이라고 말씀하십니다.

하나님의 총애를 받는 백성들이 이처럼 복된 위치에 오르려면, 오직 하나님께 순종하고 항상 순복된 상태로 있어야 합니다. "내 언약을 지키라"는 것은 "나와 연합되어 있으라"는 말입니다.

'나라(왕국)'는 하나님께 조금도 저항하지 않는 영혼들에 대한 그분의 절대적인 권세를 나타냅니다. 하나님은 철저하게 그들의 주인이십니다. 이것은 다른 사람들, 곧 인내하는 자들과는 다릅니다. 자기 의지로 가득한 그들은 하나님이 자기에게 바라지 않으시는 좋은 것들을 수없이 구하기 때문입니다. 하나님은 단지 그들의 **연약함** 때문에 그들이 구하는 바를 들어주십니다. 그러나 그분은 **이제 자기 의지가 없는** 자들의 왕으로 다스리십니다.

그래서 예수님은 제자들에게 기도를 가르치실 때, 주의 나라가 임하게 해 달라고, 즉 전적으로 주님이 다스려 주실 것을 구하면서 주의 뜻이 **하늘에서** 이루어진 것같이 땅에서도 이루어지기를 함께 구하라 하셨습니다. 이것은 하늘에 있는 성도들이 그렇게 하듯이 땅에서도 하나님의 뜻이 아무 저항 없이, 아무 주저함이 없이, 예외 없이, 그리고 지체 없이 곧바로 이루어지기를 구하는 기도입니다.

또 하나님은 모세에게 그분의 백성들이 제사장 나라가 될 것이라고 말씀하셨는데, 그것은 이 나라가 제사장으로 이루어져 있기 때문입니다. 그들은 하나님께 진정으로 거룩한 나라가 될 것입니다. 그들에게서 사람의 모든 악의가 소멸되었기에, 그들 안에는 하나님의 거룩하심 외에 아무것도 남지 않게 됩니다. 그들은 자기들을 위해서가 아니라, 하나님을 위해 거룩해질 것입니다. 하나님은 단순히 "너희가 거룩한 나라가 될 것이다"라고 하지 않으시고, "너희가 **내게 대하여** 거룩한 나라가 될 것이다"라고 말씀하셨습니다.

백성들은 하나님이 그들을 이끌어 가실 방향에 대해 처음 들었을 때, 예물과 제물로 자신을 드리며 **만장일치로** 동의했습니다. 너무나도 선하신 하나님은 외롭고 고통이 따르는 길임을 예고하시며 그 길로 인도하시기 전에 먼저 **우리의 동의를** 구하십니다. 하나님은 최고의 통치자이시지만, 대단히 조심스럽게 다스리시며 우리의 자유 의지를 존중해 주십니다. 그러나 우리는 조금이라도 고통을 느끼기만 하면, 우리가 동의한 것과 우리를 제물로 드린 것을 잊어버리는 경향이 있습니다.

우리는 얼마나 기꺼이 그리고 즉시로 우리 자신을 제물로 바치는지요! 열정 속에서 우리는 자신의 연약함을, 고통이 싫다는 것을 망각합니다. 우리는 이 백성들처럼 그 자리에서 "주님이 원하시는 것은 무엇이든지 우리가 행하겠습니다."라고 대답합니다. 만일 우리가 그 순간에 멈춰 우리의 무력함을 고려하기만 해도, 스스로 **아무것도 할 수 없는 존재**라는 것을 깨닫게 될 것입니다. 그리고 자신을 하나님께 내어 드렸다는 것을 기억한다면, 우리에게 아무 의지도 남아 있지 않다는 것을 알게 될 것입니다. 심지어 **자신을 온전히 하나님의 손에 맡길 의지조차 남아 있지 않습니다.**

이 시점에 우리가 할 수 있는 최선의 말은 "우리가 하나님을 신뢰하니 주께서 우리에게 모든 것을 행하게 해 주십시오. 그러면 우리가 그것을 할 것입니다. 우리 자신은 연약하고 죄가 많습니다."일 것입니다. 그러나 확신에 차서 자신만만하게 자기를 의지하는 것은, 즉 숨겨진 교만은 언제나 자멸을 초래합니다.

'빽빽한 구름'은 말씀하시는 분이 바로 하나님 자신이라는 것을 내적 백성들이 믿기를 간절히 바라신다는 것을 보여 줍니다. 우리는 **표적**에 의존해서는 안 됩니다!

새로운 법, 즉 순전한 사랑의 법으로 통치받는 새로운 단계로 들어가기 위해, 하나님이 원하시는 성화는 새로운 정결함입니다.

이미 죽음의 단계를 통과한 모세는 하나님이 계셨던 산에 설 수 있게 되었습니다. 하나님은 이 순전한 사랑의 단계의 시작이십니다. 모세는 이미 정결해졌기 때문에 사랑의 근원으로 인도함을 받았습니다.

만일 그 외 다른 사람이 이 산에 닿거나 접근하려 한다면, 그의 생명으로 값을 치르게 될 것입니다. 하나님은 분명히 말씀하십니다. "나를 보고 살 자가 없느니라."

그런데 그는 어떻게 죽습니까? 사람의 손에 죽지는 않을 것입니다. 자기가 죽지 않으면 아무도 순수하게 하나님을 사랑할 수 없기 때문에, 하나님이 친히 화살을 보내어 그의 심장을 꿰뚫으실 것입니다. 하나님이 부어 주시는 은혜로 부드러워지지 않은 마음은 돌과 같습니다. 그러므로 하나님은 그를 돌로 으러뜨리실 것입니다. 그분은 순수한 사랑을 할 수 있는 살과 같은 마음, 즉 유연하고 다루기 쉬운 마음, 순수하고 새로운 마음을 주시기 위해 반드시 그에게서 돌 같은 마음을 제거하셔야 합니다.

많은 이들이 하나님의 말씀은 모두 달다고 믿고 싶어 합니다. 그렇습니다. 하나님의 말씀 자체만 생각하거나 혹은 영적인 삶을 **시작**할 때처럼 은혜가 부드럽게 쏟아지는 경우에는 정말 그렇습니다. **그때**는 말씀이 달고 맛이 좋습니다. 그러나 나중에 하나님의 처분을 받는 영혼에게는 그분의 말씀이 단지 쓰고 고통스럽게만 느껴지는 무시무시한 것일 수도 있습니다.

하나님이 불붙은 떨기나무 가운데 처음으로 모세에게 나타나셨을 때, 그는 신을 벗은 후에야 그 불에 다가갈 수 있었습니다. 시내 산에서 하나님은 모세를 **그 불 속으로** 초청하셨습니다. 한없이 커진 모세의 순수한 사랑 때문에 그렇게 할 수 있습니다. 전에 하나님이 이 충실한 종에게 하나님의 참 사랑을 심어 주려고 나타나셨을 때, 그곳은 불 속이었습니다. 사랑 그 자체이신 하나님은 순수한 사랑의 법을 주고 싶으셔서 바로 그 사랑의 불 가운데 이스라엘 자손들에게도 나타나십니다. 그렇게 많은 심장에 불을 붙이려면 그만큼의 불이 필요합니다.

그러나 사랑하는 주님, 여기서 어떻게 그토록 무섭게 보이실 수 있습니까? 주님은 주님을 바라보는 이들에게 외적으로

만 그리고 사랑하기 때문에 그렇게 보이십니다. 즉 주님께 헌신하는 영혼들에게 겉으로는 가혹하게 보이십니다. 그러나 본질적으로 주님이 순종하는 마음을 사랑하신다는 것은 분명합니다.

하나님이 성도에게 말씀하시고, 또 성도가 그분의 음성을 듣는다는 것은 얼마나 놀라운 일인지요! 성도가 하나님께 아뢰면 하나님도 그의 말을 들어주십니다! 그러나 하나님과 성도 개인 사이에는 그 외에도 다른 사람들은 알지 못하는 많은 일들이 일어납니다. 하나님은 이것을 위해 이 선택받은 자를 사랑의 산 정상으로 올라가게 하십니다. 하나님이 친히 그를 맞이해 주시는데, 그것이 너무도 장엄하고 거룩해서 말로는 표현할 길이 없습니다.

이럴 때 외부에 남아 있는 모든 것(혹은 사람의 아랫부분)이 그와 같이 순수한 사랑으로 변화되고 새로워집니다. 그 사람은 내면뿐만 아니라, 외부적으로도 거룩함에 흠뻑 젖게 됩니다. 그토록 많은 성도들 가운데 이런 성도들, 혹은 이 한 성도만 그 산에 오를 뿐만 아니라 그 산 정상에도 이릅니다. 왜냐하면 자신은 물론 다른 사람을 위해서도 이 순수한 사랑을 공급받을 필요가 있기 때문입니다. 그는 이 불의 근원에서 그 사랑을 끌어내야 많은 사람들에게 거룩한 불을 퍼뜨릴 수 있는 용광로가 됩니다.

우리는 변화된 모습의 모세를 봅니다. 겸손한 그는 한때 자신이 바로와 이스라엘 백성들에게 말할 자격이 없는 존재라고 생각했습니다. 그러나 이제 완전히 자기가 소멸되어 아무런 고통도 주저함도 없이 하나님 안에서 가장 높은 곳까지 올라가서 그분과 친밀하게 이야기를 나누고 하나님의 생명으로 충만한 선택받은 그릇이 되었습니다. 자기가 소멸된 사람은 더 이상 자기 자신이나 자신의 열등함을 바라보지 않게 됩니다. 가장 낮아지는 것이 가장 높아지는 것입니다.

이렇게 거룩한 사람들과 연합하는 것이 얼마나 멋진 일인지요! 거룩한 이들은 자신과 하나 된 사람에게 자기가 지니고 있는 것을 얻게 해 줍니다. 모든 백성이 같은 조상의 자손으로 모세와 연합되어 있지만, 아론은 특별하게 모세와 결속되어 있습니다. 그들은 영적으로 결속되어 있을 뿐 아니라 육적으로도 형제입니다. 하나님이 이렇게 이중으로 연합시키시는 사람들이 있습니다. 그리고 다른 모든 이들이 그들의 자녀로서 그들과 연합되어 있을지라도, 사역에 있어서는 그들과 동등할 수 없습니다. 아론의 반차를 따르는 많은 제사장들이 있었지만, 오직 아론만이 모세와 함께 올라갔습니다. 다른 사람들은 감히 그 산에 닿을 수도 없었습니다. 그러나 아론이 모든 면에서 모세와 동등한 것은 아니었습니다. 그는 모세와 같은 위치로 높여지지 않았습니다. 그렇게 탁월하게 하나님과 직접 소통한 사람은 모세밖에 없었습니다.

잔느 귀용의 묵상집
Exodus_출애굽기

하나님은 시내 산에서 모세에게 그분의 계명을 주셨습니다. 백성들은 우레와 번개와 나팔 소리를 들었고 타오르는 빛과 연기로 덮인 산을 보았습니다. 그들은 두려워하며 모세에게 말했습니다. "당신이 우리에게 말씀하소서. 우리가 들으리이다. 하나님이 우리에게 말씀하시지 말게 하소서. 우리가 죽을까 하나이다." 모세는 백성에게 이렇게 답했습니다. "두려워 말라. 하나님이 강림하심은 너희를 시험하고 너희로 경외하여 범죄치 않게 하려 하심이니라."

하나님은 사람이 그분의 율법에 순종하기를 바라십니다. 그분은 사람이 이 율법을 힘겨워하지 않게 하시려고 먼저 그에게 베풀어 주셨던 은혜를 생각나게 하십니다. 노예살이에서 해방시켜 주신 하나님이 그를 다시 멍에 아래 두시는 일은 없을 것이라는 사실을 확신하길 바라십니다. 오히려 그분의 거룩한 계율들을 지킬 수 있게 그 사람에게 필요한 은혜와 힘을 주실 것을 신뢰하길 원하십니다.

하나님은 "내가 그들에게 한마음을 주고 그 속에 새 영을 주며, 그 몸에서 돌 같은 마음을 제거하고 살처럼 부드러운 마음을 주어 내 율례를 따르며 내 규례를 지켜 행하게 하리니(겔 11:19-20)"라고 말씀하십니다.

다시 말해 하나님은 그분께 완전히 자신을 내어 드림으로 그분이 아무 저항 없이 역사하실 수 있게 허락해 드리는 자들 안에서 친히 그분의 법을 완수하실 것입니다.

이런 이유로 하나님의 첫 번째 계명은 그분 외에 다른 신을 두지 말라는 것입니다. 이것은 하나님의 법을 지키기 위해 다른 어떤 힘도 의지하지 말고 오로지 그분만 의지하라는 것입니다. 하나님은 주권적인 능력으로 모든 것을 하실 수 있는 전능하신 분입니다. 또 그분은 질투하시는 하나님입니다. 하나님은 사람이 자기의 성실함이나 노력, 근면함 등으로 그분의 계명을 지킬 수 있다고 주장하는 것을 허락하지 않으십니다. 우리는 오직 하나님의 힘으로만 그분의 계명들을 지킬 수 있습니다.

우리가 하나님의 소유 가운데 아무것도 도둑질하지 않고 그분과의 관계를 유지하기만 하면, 율법은 쉬워집니다.

우리는 율법 자체를 바라보지 않습니다. 그렇게 하면, 율법을 지키는 것이 대단히 어렵게 느껴집니다. 대신 우리는 하나님 안에서 그것을 살펴봅니다. 그러면 **하나님의 능력**과 생명으로 모든 어려움을 극복하고 살아가는 우리의 모습이 보입니다.

이렇게 전능하시며 질투하시는 하나님은 그분을 미워하는 자들의 죄악을 갚아 줄 것이라고 약속하십니다. 사람이 율법을 범하는 것이 다 고의적인 것은 아니기 때문에 하나님은 단순히 율법을 어긴 자들을 말씀하시는 것이 아닙니다. 그분은 **의도적으로** 돌아서는 자들을 말씀하고 계십니다. 자기 뜻대로 하려고 하나님에게서 돌아서는 자들은 자기를 율법의 노예로 만드는 것입니다.

이들은 계명 자체를 모독하는 죄를 범하고 있습니다. 그들은 **하나님의 힘을 자기의 힘**으로 여기는 교묘한 우상숭배에 빠져 있습니다. 그들은 "이것은 내 힘이다. 내 힘으로 이것을 이루었다."라고 말하지만, 사실이 아닙니다. 오직 하나님의 생명만이 그 기준에 맞게 살아갈 수 있게 해 줍니다. 하나님은 이런 우상숭배를 용서하지 않으십니다. 그분은 그들의 모든 행위를 이 율법으로 심판하십니다. 하나님은 사람의 죄를 삼사 대까지 물을 것이라고 말씀하셨습니다. 그러므로 이 사람들은 스스로 종이 된 것입니다. 사람이 자기 힘을 의지하면, 모든 일에 매이게 됩니다.

그러나 사랑하는 자들 안에서, 즉 사랑만이 율법을 완수합니다. 하나님은 이런 자들에게 풍성한 은혜를 베풀어 주십니다. 여기서 '은혜'란 율법에 대해 무슨 잘못을 저질러도 사면받는다는 뜻입니다. 하나님은 그런 과실들을 보지도 않으십니다. 그들의 정직한 마음과 그분을 기쁘게 해 드리고 싶은 갈망을 보시고, 율법에 대한 그들의 사랑에 만족해하십니다. 하나님은 그들이 삶 가운데 율법을 실행에 옮기지 못하는 모습은 보지 않으시고, 그들을 율법의 속박에서 해방시켜 주십니다.

그래서 "사랑 안에 두려움이 없고 온전한 사랑이 두려움을 내쫓나니"(요일 4:18)라고 하는 것입니다. 이 성도는 하나님의 사랑에 깊이 빠져 있습니다. 그래서 바로 그 사랑만 보일 뿐 그 외에는 아무것도 생각할 수 없습니다. 이렇게 하나님의 사랑이 흘러넘치는 가운데 율법을 잊어버리지만, 그들은 그것을 온전히 완수하게 됩니다.

하나님의 안식(일)을 기억하면 그 안에 거하게 됩니다. 단순히 하나님의 안식 안에 거하는 것만큼 확실하게 거룩의 열매를

맺는 방법은 없습니다. 그것은 본래 하나님의 안식입니다. 즉 순복한 영혼 안에 거하시는 하나님의 안식이며, 하나님 안에서 누리는 영혼의 안식입니다.

이제 세 종류의 안식을 언급할 것입니다.

첫 번째는 하나님이 그분의 뜻과 연합된 영혼 안에 머무시는 경우입니다. 다시 말해 하나님이 그 영혼 안에 거하시며 거기 머무시는 것입니다. 이것이 바로 예수님이 "사람이 나를 사랑하면 내 말을 지키리니 내 아버지께서 그를 사랑하실 것이요 우리가 그에게 가서 거처를 그와 함께하리라."고 말씀하시며 설명하신 내용입니다.

성도가 하나님 안에서 안식을 누리는 것은 부활한 후에야 있을 일입니다. 다름 아닌 부활이 그를 하나님께 안내하는 것입니다. 그 후 그는 하나님 안에서 완전한 안식을 발견하게 됩니다. 고통과 근심은 영원히 지나갔습니다. 이전에 하나님이 성도 안에서 온전히 머무신 것은 그에게 죄가 없고 자기 뜻을 하나님께 맞추었기 때문입니다. 그러나 성도는 불확실성과 고통과 어려움이 가득한 길을 걸었기 때문에 아직 하나님 안에서 안식을 찾지 못했습니다. 그는 오직 하나님 안으로 들어가서 더는 삶의 부침에 휘둘리지 않는 평온하고 변하지 않는 상태가 될 때, 참된 안식을 발견하게 됩니다.

그러나 하나님의 안식은 그분께 완전히 순복된 영혼 안에서 그분이 누리시는 안식입니다. 여기서 피조물의 것은 모두 사라지고 하나님만 남게 됩니다. 하나님은 거기서 그분 자신 안에서 안식하십니다. 완전히 하나님께 속한 자가 되어 그분과 달리 조금도 안식을 누리지 못하는 성도를 위해 그렇게 하시는 것이 아닙니다. 하나님은 피조물에게 속한 것을 완전히 소멸시키심으로 그분께 속했던 모든 것을 되찾으셨습니다. 사도 바울이 말한 것처럼, 하나님은 만유 안에 계십니다(엡 4:6). 그리고 이것은 하나님 안에 있는 그분의 안식입니다.

하나님의 임재가 놀랍고 두려운 표적으로 나타나는 것을 보고 들은 이스라엘 백성들처럼, 하나님이 임하시는 모습을 보는 성도는 죽음이 두렵습니다. 그는 **하나님을 보면** 반드시 죽는다는 것을 알고 있습니다. 죽음의 단계가 시작되는 그때부터 (그리고 그것은 오랫동안 지속됩니다.) 성도는 묘한 두려움을 느끼며 이렇게 생각합니다. '이렇게 기분 나쁜 고초를 더 겪느니 차라리 여기서 멈추는 것이 낫겠다.' 그는 거리를 두며 자신을 죽음에서 보호하고 싶어 합니다. 사실은 하나님과 거리를 두고 있으면서 하나님께 다가가고 있다고 착각합니다. 자기 사랑에 마음을 빼앗겨 **하나님 안에서** 기꺼이 그를 되살려 줄 거룩한 죽음에 자신을 내어 맡기는 대신, 자기 생명을 보존하려고 합니다.

이로 인해 그는 자기에게 충고해 주는 현명하고 성숙한 그리스도인에게 (말보다는 행동으로 저항하며) 이렇게 말합니다. "직접 나에게 말씀하십시오. 나에게 말씀하시는 분은 오직 당신뿐입니다. 그리고 내가 사람의 말과 인간의 방식(또는 적어도 나의 머리로 이해할 수 있는 것)에서 벗어나지 않는 한, 나는 죽지 않을 것입니다. 그러나 오로지 하나님의 말씀만 의지하여 행하고 막연히 믿음만으로 그분의 인도를 받기에는, 그분이 나를 죽음과 상실로만 이끄실 것 같습니다."

모세는 백성들에게 "두려워하지 말라!"고 말합니다. 그는 지금은 두려워할 이유가 없다고 확실하게 충고해 주는 지혜로운 조언자의 모습을 보여 줍니다. 죽음의 때는 이르지 않았습니다. 이것은 하나님이 우리가 담대하게 죽음의 길로 들어가는지 보시려고 삶 가운데 두신 시험에 불과합니다.

이 사람들은 이미 내적으로 상당히 진보했지만, 아직도 멀리 떨어져 있습니다. 그들은 죽음이 두려웠습니다. 그러나 이미 죽음을 통과하고 하나님 안에서 살아난 모세는 다시 죽을 수 없습니다. 그러므로 그는 두려워하지 않았습니다. 이제 하나님은 모세에게 낯선 분이 아닙니다. 하나님과 모세는 한 생명, 곧 신성한 생명의 연합으로 들어갔습니다. 하나님이 하나님다우신 것만큼 그분은 모세와 같아지셨습니다. 이런 단계에서 다른 사람들에게는 죽음을 가져오는 것이 모세에게는 생명을 주었습니다.

이제 우리는 모세가 하나님이 계시는 짙은 흑암 속으로 들어가는 모습을 봅니다. 이것은 하나님이 삶 가운데 어떤 모습 또는 방식으로 나타나시든지 항상 우리가 이해할 수 없다는 것을 가르쳐 줍니다. 우리에게는 기껏해야 믿음의 휘장에 가려지고 숨겨진 제한된 지식만 있을 뿐입니다.

잔느 귀용의 묵상집
Exodus_출애굽기

    하나님은 이스라엘 백성들에게 대단한 약속을 하셨습니다. 그분은 그들 앞에 천사(사자)를 보내어 여정 중에 지켜주시고 약속의 땅으로 그들을 데려가시겠다고 말씀하셨습니다. 하나님은 백성들에게 이 천사의 음성에 순종하고 반역하는 성향을 버리라고 명하셨습니다. 뿐만 아니라 천사가 그들보다 앞서 가서 그 땅의 이방 족속들과 맞서 싸워 그들을 멸망시킬 것이라고 약속하셨습니다.

    우리에게 천사가 필요한 상황이라면, 하나님은 반드시 천사를 보내 주시는 분입니다. 이 천사(사자)는 자비로우신 하나님이 그분의 길의 안내자로 우리에게 보내 주시는 자들을 가리킵니다. 이들은 우리를 준비된 장소까지만 인도해 줄 수 있습니다. 이후에는 하나님만이 우리의 안내자가 되십니다.

하나님은 이 지혜로운 사람들을 존중하고, 그들의 말에 순종하며, 그들을 배척하지 말라고 명령하십니다. 하나님의 이름이 그들 가운데 있기 때문입니다. 다시 말해 이와 같은 사람들은 하나님의 사람으로, 그분의 말씀을 가지고 그분의 권세로 행합니다.

잔느 귀용의 묵상집
Exodus_출애굽기

   백성들은 그들의 하나님께 순종을 맹세하고 피의 언약을 맺었습니다. 모세와 이스라엘의 장로 칠십 명은 시내 산에 올라가서 하나님을 뵙고 그분 앞에서 먹고 마셨습니다.
   하나님은 모세만 그분의 영광의 구름 속으로 부르셨고, 그는 거기서 사십 주야를 머물렀습니다.
   모세와 같은 경지에 그리고 그처럼 순수한 사랑에 도달한 사람은 아무도 없었습니다. 모세는 다른 곳으로 퍼져 나가며 물을 공급해 주는 수원(水原) 같은 사람입니다.
   모세는 후손들에게 전하려고 하나님의 말씀을 기록했습니다. 하나님은 그분의 종들에게 숨겨진 신령한 진리들을 알려 주시고 기록하여 남겨 두게 하십니다. 이렇게 하여 많은 이들이 그 유익을 누리게 될 것입니다.

모세는 이스라엘 자손의 청년들을 보내어 하나님께 화목제를 드리게 했습니다. 이것은 새신자들을 위한 제사입니다. 그들의 제물은 평화와 사랑스러움입니다. 이것은 성숙한 자들과는 다릅니다. 그들은 번제를 드려야 합니다.

우리는 은혜의 자녀들 사이에 다양한 단계와 수준이 있다는 것을 알고 있습니다. 이제 성령과 믿음의 길에 들어선 사람들이 있고, 그동안 성장하여 아이가 된 사람들도 있습니다. 마찬가지로 모세는 두 제사를 구별합니다. 하나는 화목제로 청년들에게 적절하고, 하나는 번제로 조금 더 성숙한 자들에게 적절합니다.

모세가 율법을 읽자, 백성들은 그 자리에서 자신 있게 그것을 지키겠다고 약속했습니다. 그러나 모세는 그들의 그러한 확신이 숨겨진 교만이라는 것을 알아차릴 만큼 그들을 잘 알고 있었습니다. 그들은 자기 힘을 의지하고 있었고 자기들의 타락한 본성을 충분히 불신하지 않았습니다. 그들은 올바른 근원인 하나님의 선하심으로부터 신실함을 구하지 않았습니다.

모세는 하나님 안에 있었습니다. 그러나 다른 사람들에게는 산 전체가 어두움에 덮인 것처럼 보였습니다. 외부에서 지켜보는 사람들에게는 이 단계가 지독히도 어둡게 보입니다. 그것을 이미 경험한 사람들은 해줄 말이 거의 없습니다. 그들에게 어떤 표적이 있든지 그것을 직접 경험해 보기 전에는 들은 것을 믿기 어렵기 때문입니다.

모세는 이미 하나님과 친밀함을 누리며 스스럼없이 대화를 나누지만, 하나님께 가까이 나아가기 전에 마치 정결 기간을 보내는 것처럼 엿새 동안 기다려야 했습니다. 하나님은 얼마나 순결한 분이신지요! 그분은 일곱 째 날에 구름 가운데서 모세를 부르셨습니다. 모세는 안으로 들어가서 구름에 완전히 뒤덮인 채 사십 일 밤낮을 머물렀습니다. 마침내 돌아온 모세는 새로워지고 변화되어 하나님의 영광을 몸에 지니고 있었습니다.

하나님은 자신을 나타내시거나 은혜를 베푸실 때 점차적으로 진행하십니다. 그분은 피조물의 수용 능력을 단번에 넓히시는 것이 아니라 조금씩 넓혀 주십니다. 그분의 자녀가 감당할 수 있을 만큼만 하십니다.

모세를 보십시오. 모세는 혼자서는 한 발자국도 내딛지 않습니다. 결코 스스로 나아가지 않습니다. 그는 하나님이 말씀하시기 전에는 움직이지 않지만, 명령을 받으면 신속하게 행합니다. 이것이 완전히 수동적인 단계에서 필요한 신실함이며, 자아가 소멸된 상태에서는 더욱 그렇습니다. 자신에 대하여 죽은 내적 성도는 이 단계에 하나님이 원하시는 모든 것에 자신을 적용시킵니다. 그는 하나님을 앞서가지 않으며 또한 하나님께 저항하지도 않습니다.

잔느 귀용의 묵상집
Exodus_출애굽기

이제 하나님은 모세에게 장막을 세우는 것을 가르치기 시작하십니다. 여기서 우리는 언약궤, 그룹(천사)이 덮고 있는 속죄소와 등잔대 양식을 볼 수 있습니다.

장막이라 불리는 이 성소는 영혼의 중심, 영, 즉 하나님의 거처를 상징합니다. 여기서 하나님과 사람의 연합이 일어납니다. 성삼위 하나님이 여기에 거하시며 자신을 드러내십니다. 이곳은 하나님을 위한 곳이어야 합니다. 하나님이 그곳에 거하시고 자신을 나타내실 수 있게 다른 모든 것을 비워야 합니다. 이 거룩한 곳은 오직 하나님만을 위한 장소입니다.

언약궤는 이 성소 안에 있었습니다. 바로 여기에서 하나님의 말씀이 계시되고 선포되었습니다. 이전까지 하나님은 어느 특정한 곳에 머무르지 않으시고 멀리서 백성들에게 말씀하셨습니다. 그러나 이후로는 백성들 가운데 거하며 말씀하시고, 그들의 영혼의 중심에 있는 성소에서 자신을 알려 주시며, 그 음성을 들려주려 하십니다.

속죄소의 정결한 순금은 하나님이 나타나셔서 계시를 전해 주실 수 있게 그 영혼의 중심이 반드시 소유해야 하는 정결함을 상징합니다. 속죄소로 사용되기 전에 먼저 불로 세속적이고 불순한 모든 것들로부터 정화되어야 합니다. 그런 다음 쳐서 단련해야 합니다.

속죄소를 덮고 있는 두 그룹은 솔직한 **믿음**과 완전한 **자기 포기**를 나타냅니다. 우리는 여기서 믿음이 어떻게 믿는 자의 눈을 가려 자신을 살피지 못하게 하는지 보게 됩니다. 자기 포기는 그 사람이 자기의 손익을 고려하지 않고 맹목적으로 자기를 내어 드리게 함으로써 다른 편에서 성도를 보호합니다. 그러나 또한 믿음과 자기 포기는 언약궤 뚜껑을 덮고 있는 두 그룹처럼 서로를 바라봅니다. 잘 정돈된 영혼 안에는 하나가 다른 하나 없이 존재할 수 없습니다. 믿음이 철저하게 자기 포기에 반응한다면, 자기 포기는 믿음에 따라옵니다.

하나님은 속죄소 위에서 그들을 만나 주시고 그들에게 말씀하실 것을 설명하시는데, 이때부터는 외부의 감각들을 통하지 않고, 영혼의 중심에서 하나님의 음성이 들릴 것입니다.

하나님이 산에서 모세에게 보여 주셨고 여기에 언급하신 이 양식은 (그분 안에 존재하는 모든 것에 대한 영원한 뜻으로) 하나님 자신이시며, 또 이런 의미들을 표현하시는 말씀이신 예수 그리스도입니다. 영혼의 성화를 위해 행하는 모든 것들은 반드시 이 본을 따라야 합니다.

26

잔느 귀용의 묵상집
Exodus_출애굽기

시내 산에서 하나님은 모세에게 성막 짓는 법을 가르쳐 주셨습는데, 그것은 휘장으로 성소와 지성소가 분리되어 있습니다.

하나님은 성소와 지성소가 분리되어 있기를 바라셨습니다. 성소는 영혼의 중심이며, 지성소는 하나님 자신입니다. 그들은 하나이지만, 그럼에도 분리되어 있습니다. 그들의 중심이 하나님 안에 있고 하나님이 그 중심에 계신다는 점에서 그들은 하나입니다. 그러나 그들은 단계가 달라 분리되어 있습니다. 그 중심에 하나님을 소유한다는 것은 정말 대단한 일입니다. 그러나 하나님이 자신을 위해 자신 안에 거하시는 것, 이것은 훨씬 더 높은 단계입니다.

   성소와 지성소 사이를 분리하는 이 휘장은, 설명하기 힘든 사랑의 연합을 이루고 영혼 자체가 소멸되어 하나님 안으로 다시 흘러들어 가서 변형된 피조물인 우리와 하나님 사이에 영원히 존재하는 본질적인 차이를 의미합니다. 하나님의 생명과 말로 표현할 수 없는 이 연합으로 완전히 변화된 영혼이 하나님과 하나 되었을지라도, 하나님은 여전히 변화된 영혼과 실제적으로 구별되는 하나님으로 남아 계십니다(요 17:21; 고전 6:17).

잔느 귀용의 묵상집
Exodus_출애굽기

이번 장에서 하나님은 계속해서 모세에게 성막 건축에 대하여 상세하게 설명해 주십니다. 그분은 아론과 그의 아들들에게 등불을 준비하게 하여 저녁부터 아침까지 항상 여호와 앞에 켜두라고 말씀하셨습니다. 이 예배는 이스라엘 자손들 가운데 영원히 지속되어야 합니다. 이 등불은 하나님 앞에서 쉬지 않고 항상 밝게 타오르며 빛나야 하는 그분을 향한 우리의 사랑의 등불에 비유할 수 있습니다.

잔느 귀용의 묵상집
Exodus_출애굽기

하나님은 모세에게 아론과 그의 아들들이 하나님을 섬길 때 입어야 할 옷에 대해 설명해 주시며, 그들이 두르게 될 판결 흉패 안에 우림과 둠밈을 넣어 두라고 말씀하셨습니다. 나는 우림과 둠밈이 교리와 진리라고 봅니다.

흉패라고 하는 이 신비스러운 것으로 **세 가지**를 분별할 수 있는데, 판단, 교리 그리고 진리입니다. **판단**은 사람이 내리는 것이기 때문에 교리나 가르침만큼 신뢰가 가지는 않습니다. (사람은 자기가 배운 것을 특정 상황에 적용합니다.) **교리**는 판단보다는 믿을 수 있습니다. 우리는 지식과 경험으로 판단합니다. 그러나 **진리**는 그 모든 것들 위에 있습니다. 판단과 교리의 근원인 진리, 즉 하나님의 실재로 들어가려면 **판단**과 **교리**를 통과해야 합니다.

왜 이런 말들이 흉패에 새겨져 있었을까요? 우리가 판단을 내릴 때 이성을 사용한다는 것을 보여 주기 위해서입니다. 판단은 교리에 순종하고 교리의 지시를 받습니다. 그러나 무엇보다도 교리는 진리의 모든 조명을 받습니다. 판단은 우리 안에 있지만, 교리는 사람들의 순종과 복종을 끌어내기 위하여 전달됩니다. 그러나 진리는 하나님 안에 **거합니다.** 진리 안에 있으려면 하나님 안에 있어야 합니다. 이런 이유로 성령이 진리의 영이라 불리는 것입니다.

하나님은 모세에게 순금으로 패를 만들고 그 위에 '여호와께 성결'이라 새겨 아론의 이마에 두라고 지시하셨습니다. 하나님의 이름은 하나님의 모든 것이기에 그 이름을 이마에 새길 필요가 있었습니다.

모든 거룩은 하나님의 속성입니다.

여기에서 이마는 그 영혼의 최고의 위치를 의미합니다. 믿는 자는 하나님의 높고 거룩하신 이름을 그곳에 간직합니다. 가장 높은 단계에 이르지 않으면, 그는 하나님의 모든 것과 자연 상태에 있는 사람에 대해 아무것도 알 수 없습니다. 많은 사람들이 이것을 알고 있다고 생각하지만, 단지 피상적으로 알고 있을 뿐입니다. 오직 자기가 소멸되어야 그것을 경험적으로 확신할 수 있습니다.

   왜 성경은 "그 패가 아론의 이마에 늘 있으므로 그 성물을 여호와께서 받으시게 되리라"고 덧붙이는 걸까요? 하나님은 자기의 무가치함을 알고 그분의 모든 진리 안에 머무는 사람을 적대하실 수 없기 때문입니다. 하나님께 합당한 정의를 드림으로 그 사람은 하나님의 돌보심과 복에 자신을 열어 놓게 됩니다. 그리고 바로 이 진리를 상징적으로는 흉패에, 실제적으로는 이마에 둔 것입니다.

   사람의 이성은 하나님의 진리를 단지 피상적으로 그리고 비유적으로만 알 수 있습니다.

   하나님은 사람의 가장 거룩한 곳에 그의 진리를 새기셨습니다. 그분은 창조의 순간에 진리를 거기에 두셨습니다. 인간의 비극적인 타락으로 죄가 진리를 제거해 버렸지만, 예수 그리스도께서 이기심 없는 영혼들 가운데 하나님의 진리를 다시 세우고 확장시키셨습니다.

잔느 귀용의 묵상집
Exodus_출애굽기

  하나님은 모세에게 어떤 제물을 어떻게 드려야 하는지 말씀하셨습니다. 또 아론과 그 아들들을 제사장으로서 기름을 부어 준비시키는 것에 대하여 이야기하십니다.

  여기서 피와 기름으로 제사장의 의복들을 거룩하게 했습니다. 하나님께 성별되기 위해 제사장은 기름부음을 받아야 했습니다. 성별의 기름은 성령의 기름부음을 예표합니다. 제사장으로 선택받은 자들에게 뿌린 피는 예수 그리스도께서 주신 권세 외에 아무 권세도 없음을 가르쳐 줍니다. 또한 이 피는 이후로 성취되는 것은 무엇이든 그리스도의 피 안에서 완수될 것을 의미합니다. 오직 이 피를 흘림으로 모든 제사장 직분을 성별할 수 있습니다.

번제에는 특별한 것이 있습니다. 다른 모든 제사(희생)들은 이기심이 약간 섞여 있습니다. 죄 사함을 받거나 고통에서 구원받기 위해, 혹은 하나님의 진노를 가라앉히거나 하나님의 선하심으로부터 약간의 은혜를 간구하기 위해 제물을 바칩니다. 이와 같은 제물이나 제물을 바치는 자들은 모두 자기 것을 남겨 둡니다.

모든 것을 태우는 것은 오직 **번제**뿐입니다. 이런 온전한 희생(제사)은 자기 소멸을 의미하며, 전적으로 하나님만 위한 것입니다. 그것은 하나님의 마음을 누그러뜨리는 향기, 달콤한 향기를 냅니다.

잔느 귀용의 묵상집
Exodus_출애굽기

시내 산에서 모세와의 대화를 마치신 뒤, 하나님은 말씀하신 내용을 전부 친히 두 돌판에 새겨 모세에게 주셨습니다.

하나님은 자신의 손가락으로 돌 위에 그분의 법을 새기십니다. 믿는 자가 하나님 안에서 온전히 안식하는 단계에 도달할 때, 그분은 이렇게 하십니다. 이 시점에 그에게는 그의 마음에 기록된 율법이 전부입니다. 하나님의 법은 그에게 당연한 것이 되었습니다. 그 영혼은 마치 돌처럼 하나님의 손가락으로 새겨진 율법을 받습니다.

이제 이 성도 안에서 하나님의 율법을 완수하는 것은 하나님께 달려 있습니다. 여기에 순수한 사랑에 빠진 성도가 있습니다. 그리고 "사랑이 율법의 완성입니다"(마 22:40). 그러므로 이 단계에 있는 성도는 율법의 완성과 그것의 참된 성취 가운데 있게 됩니다. 철저하게 하나님께 복종한 영혼은 율법에 대하여 생각할 필요가 없습니다. 단지 모든 면에서 신실하게 율법을 따르게 됩니다. 그는 하나님의 뜻과 하나 되었습니다. 그리하여 모든 법을 초월하여 모든 것을 아우르는 하나님의 사랑에 의해 **그분의 뜻대로** 변화됩니다.

잔느 귀용의 묵상집
Exodus_출애굽기

모세가 시내 산에서 지체하자, 이스라엘 백성들은 아론에게 자기들을 인도할 우상을 만들라고 요청합니다.

이스라엘 백성들은 하나님께 자신을 내어 드리고 하나님의 길에서 이미 많이 앞서간 사람을 나타냅니다. 그런데도 우리는 이런 사람이 여전히 지극히 중요한 영역에서 죄를 짓는 것을 보게 됩니다. 그것은 바로 우상숭배입니다.

내가 이렇게 말하는 것을 학식 있는 사람들은 비판할지도 모르겠습니다. 그래서 이것을 상세하게 설명할 것입니다.

우상숭배는 여러 가지 방법으로 범할 수 있습니다. 경배 받으실 만한 분은 오직 한 분이시고, 그분은 바로 유일하신 참 하나님이십니다. 그러므로 피조물에 불과한 사람이나 사물을 하나님처럼 경배하거나 여러 신을 믿을 때, 그들은 우상숭배를 범하는 것입니다. (그것은 신을 믿지 않는 것과 마찬가지입니다!)

조금 더 교묘하고 은밀한 또 다른 형태의 우상숭배도 있습니다. 우리는 하나님을 경배합니다. 그러면서 한편으로는 마땅히 하나님께 드려야 할 경배와 존귀와 믿음의 **일부를 어떤 피조물**에게 줍니다. 이런 식으로 유일하신 하나님을 모욕하고 있다면, 우리는 이스라엘 백성들과 마찬가지로 실제로 우상을 숭배하고 있는 것입니다.

예를 들어 바울은 자기 배를 신으로 삼는 자들이 있다고 말하는데, 그것이 우상숭배입니다. 하나님을 사랑하는 것보다 이런 피조물을 조금 더 사랑하는, 이와 유사한 형태의 이기심들이 많습니다. 우리는 그것을 알아차리지 못하는 경우도 있지만, 분명 재물이나 성공 혹은 쾌락을 섬기고 있습니다. 그러면서 마땅히 하나님이 받으셔야 할 경배의 일부를 도둑질하고 있습니다.

우리는 여기서 이스라엘 백성들이 다음과 같은 형태의 우상숭배에 빠지는 모습을 봅니다. 그들은 하나님을 사랑하지만, 그들의 사랑에는 사욕이 섞여 있습니다. 그들은 자신을 온전히 하나님께 드리고 영의 길에서 상당한 진보를 이루었습니다. 그런데 이제 이전 상태로 돌아갑니다. 그렇게 하여 자신들을 엄청난 타락에 노출시킵니다.

지금까지 하나님은 이 백성들의 많은 연약함들을 그리 엄하게 심판하지 않으셨습니다. 그들의 원망과 불평들을 모두 자비롭게 눈감아 주셨습니다. 하나님은 계속 그들에게 복을 주셨습니다.

그러나 지금 백성들이 **우상숭배**를 범했습니다. 그들은 하나님과 동행하는 내적인 삶을 **포기했습니다**. 이번에는 자비의 기적이 있어야만 돌아갈 수 있을 것입니다. 우리가 하나님과 연합하려는 뜻을 포기할 때 이런 우상숭배를 저지르게 됩니다.

우리는 또다시 자기 힘을 의지하려고 합니다. 하나님을 의지하는 것에 싫증이 나서 하나님 안에서 궁핍하고 상실된 상태에서 벗어납니다. 그리고 자신의 힘과 노력으로 오직 하나님 안에 있는 것을 찾으려고 애씁니다.

우리는 이 치욕스러운 금송아지 이야기 가운데 하나님을 떠나서 이전에 그분께 받았던 은혜를 얻으려고 어리석게도 자기의 노력을 의지하는 부정한 성도의 모습을 보게 됩니다. 지금 이 이야기 속의 사람은 자기 힘으로 사로잡힘에서 벗어났다고 주장합니다. 이렇게 하여 그는 우상숭배에 신성모독의 죄를 추가합니다!

　우리는 생각과 마음으로 하나님을 경배합니다. 하나님만이 가장 높고 뛰어나심을 인정하면서 우리의 지성으로 하나님을 예배합니다. 믿는 자가 오직 하나님만 예배해야 한다는 **생각을 바꾸어** 그분 외에 **다른** 통치권을 인정할 때 우상숭배의 첫 단계가 시작됩니다. 마음의 예배는 하나님을 향한 우리의 사랑입니다. 그러므로 어떤 사람이 하나님보다 다른 어떤 것을 더 사랑할 때, 그는 마음으로 우상숭배를 범하는 것입니다.

　지속적으로 그리고 **은밀하게 하나님을 사모하고** 당신의 삶 가운데 일어나는 모든 일에 하나님의 높고 뛰어나신 능력과 주권을 인정하며, 결과를 염려하지 않고 그분의 인도하심에 자신을 맡겨 드리는 것이 바른 **마음** 상태입니다.

　우리의 힘을 의지하면 실패할 수밖에 없다는 것을 깨닫고 하나님이 모든 것을 돌보시도록 맡겨 드려야 합니다. 이 상태에서 벗어나는 것은 영적으로 우상숭배를 범하는 것입니다.

　앞서 나는 시내 산 기슭에 있는 이스라엘 백성들은 믿음의 여정에서 진보한 단계를 나타낸다고 말했습니다. 여기까지 발전한 성도는 이런 우상숭배 외에 다른 죄를 범할 수 없게 됩니다.

그의 영이 안식에서 빠져나오지 않고 그의 뜻이 하나님의 완전하신 뜻과 연합된 상태에서 벗어나지만 않으면, 믿는 자는 자기의 연약함에도 불구하고 죄를 지을 수 없습니다. **하나님의 뜻 가운데 머무는 것**과 **죄**를 범하는 것, 이 두 상태는 서로 양립할 수 없습니다. 내가 죄를 범하면, 하나님의 뜻과의 연합이 즉시 끊어집니다. 그리고 내가 하나님의 뜻과 연합되어 있으면, 나는 죄를 짓는 상태가 아닙니다.

사도 요한은 요한일서 5장 18절에서 이 진리를 다음과 같이 표현해 놓았습니다. "하나님께로부터 난 자는 다 범죄하지 아니하는 줄을 우리가 아노라. 하나님께로부터 나신 자가 그를 지키시매 악한 자가 그를 만지지도 못하느니라." 하나님께로부터 난다는 것은 온전한 자기 포기로 생각과 마음이 하나님께 연합되어 있는 상태를 말합니다. 사람이 이 안전한 곳에 있는 한, 죄도, 악한 자도 그에게 손을 댈 수 없습니다. 그러나 그가 이기심으로 이 상태에서 벗어나는 순간, 죄와 악한 자의 화살이 날아와 꽂힙니다.

경험이 많은 사람들은 모두 내가 하는 말을 이해할 것입니다.

하나님이 죄를 짓고 있는 이스라엘 백성들을 처리하라고 모세를 내려 보내시면서 전처럼 내 백성이라 부르지 않고, **모세의 백성들**이라고 부르시는 것에 주목하십시오.

이것은 그들의 죄 때문입니다. 이 백성은 우상숭배를 범하는 순간, 짐승과 같이 되었습니다. 그들은 완전히 변했습니다. 그들은 또한 지성을 모두 잃어버리고 하나님의 진노를 일으켰습니다.

모세는 죄가 없지만, 하나님의 맹렬한 진노가 백성들을 덮치는 것을 막으려고 하나님과 백성들 사이에 섰습니다. 여기서 우리는 놀라운 일을 보게 됩니다. 자신을 완전히 비운 사람은 하나님과의 관계에서 권세가 있으며, 심지어 하나님께 영향력을 미치기까지 합니다. 또 하나님은 대단히 중요한 문제에 관해서는 그를 대신해 행하십니다.

하나님은 거의 모세에게 애원하시는 것처럼 보입니다. 그분은 "내가 하는 대로 두라"고 말씀하십니다. 하나님의 친구인 모세는 마치 하나님이 대단한 분이 아닌 것처럼, 그분의 진노가 불붙지 못하게 막습니다. 자기의 생명을 포기하고 오직 하나님만 소유한 사람에게는 어떤 부분에서 하나님을 움직이게 하는 힘이 있습니다.

진정으로 주님은 모세의 하나님이셨습니다. 모세는 하나님께 간청합니다. "여호와여 어찌하여 그 큰 권능과 강한 손으로 애굽 땅에서 인도하여 내신 주의 백성에게 진노하시나이까" (32:11). 그는 하나님께 그들이 모세의 백성이 아니라 **하나님의 백성이라는 것**을 상기시켜 드립니다. 그리고 하나님이 그들에게 베풀어 주신 놀라운 은혜들을 일깨워 드립니다. 모세는 하나님이 지금까지 그들에게 하신 모든 일들이 결코 헛된 것이 되지 않기를 기도합니다.

그는 여기서 애굽 사람들이 "여호와가 자기의 백성을 산에서 죽이고 지면에서 진멸하려는 악한 의도로 인도해 내었다"고 말할 수도 있으니, 이스라엘 백성을 진멸하지 말아 달라고 하나님께 간청합니다.

모세처럼 성숙한 하나님의 사람들은 어린 성도들이 믿음에서 떨어져 나가는 것을 보면서 주의 백성의 죄로 인해 그들을 저버리지 말아 달라고 하나님께 간절히 기도합니다.

그들이 염려하는 것 중 하나는 하나님과 동행하는 내적인 삶을 시작한 사람들이 결국 무너져 버리면, 비판하는 자들이 그러한 삶을 의심하고 부정하게 된다는 것입니다. 비판하는 자들은 '자신을 전적으로 하나님께 맡기는 것은 좋지 않다. 그것은 극단으로 흐를 수 있다. 자기 힘을 의지하는 것이 훨씬 더 낫다'라고 할 것입니다.

이렇게 말하는 사람들은 주위를 둘러보고 자기들의 힘을 믿는 사람들의 상태를 살펴보아야 할 것입니다!

모세는 또한 약속하신 것들에 대한 하나님의 신실하심을 상기시켜 드립니다. 하나님은 누구든지 순수한 믿음의 길을 따르는 자는 하나님과 연합되고 그분의 참되고 실제적인 소유인 약속의 땅에 도달하게 될 것이라고 맹세하셨습니다. 사심 없이 오직 하나님의 영광만을 생각하는 하나님의 종들 가운데 하나인 모세의 단순한 말 한마디에 정당한 복수를 참으시는 하나님은 얼마나 선하신지요!

모세는 이 백성들이 자신을 괴롭히는 것에 대해서는 불평하지 않습니다. 그는 이 백성이 진멸되는 모습을 보며 겪게 될 슬픔에 대해 언급하지 않습니다. 모세는 그들이 자기에 대해 뭐라고 하는지, 또는 어떤 비난을 받을지에 대해서는 관심이 없습니다. 그가 두려워하는 것은 단지 하나님이 모욕당하고 멸시당하시는 것입니다. 오, 이기심이 없는 사람은 얼마나 존경할 만한 사람입니까!

25절의 "방자하게 하여"(제멋대로 날뛰다, 새번역)는 이들 타락한 백성들의 상태를 잘 보여 줍니다. 그들은 하나님께 인도함을 받기로 했을 때, 하나님의 힘을 덧입으려고 이미 자기들의 힘을 포기했습니다. 지금 죄를 범하면서 그들은 두 가지를 빼앗깁니다. 자기들의 죄로 인해 하나님의 힘을 잃어버리고, 이제 더 이상 자기들의 힘을 의지할 수 없다는 것을 깨닫습니다.

이런 사람들이 다시 내적인 길로 돌아오는 것은 어려운 일입니다. 히브리서 기자는 이렇게 말합니다. "한 번 빛을 받고 하늘의 은사를 맛보고 성령에 참여한 바 되고 하나님의 선한 말씀과 내세의 능력을 맛보고도 타락한 자들은 다시 새롭게 하여 회개하게 할 수 없나니 이는 그들이 하나님의 아들을 다시 십자가에 못 박아 드러내 놓고 욕되게 함이라"(히 6:4-6). 그들은 여전히 구원은 받을 수 있지만, 이전의 상태를 회복하는 것은 무척이나 힘든 일입니다. 그들이 회개해야 하는 태도는 성령의 길들에서 진보하지 않은 다른 죄인들에게 필요한 것과는 상당히 다릅니다.

이제 그들은 하나님의 힘도, 자기들의 힘도 없이 완전히 맨몸으로 원수들의 수중에 있습니다. 이 원수들은 내적 성도가 요새이신 하나님 안에 있는 한, 그를 해칠 수 없습니다. 그러나 이들이 무방비 상태인 것을 발견하고는 기뻐하며 앙갚음을 합니다.

모세는 진 입구에 서서 외쳤습니다. "누구든지 여호와의 편에 있는 자는 내게로 나아오라!" 모세의 외침에 응답한 사람들은 레위 자손들이었습니다. 모세는 대다수가 죄를 범하는 가운데 우상숭배로 더럽혀지지 않으려고 자기들을 지킨 자들을 찾고 싶어 합니다. 그는 그들을 자기에게 나아오게 합니다. 나중에 제사장직을 맡게 될 레위 지파 전체가 그에게 순종합니다. 순결한 희생의 성도들을 대표하는 이들 지극히 높으신 분의 제사장들은 주변의 모든 사람들이 다 타락했을 때에도, 그들의 희생에서 떠나지 않고, **그대로 있었습니다**. 레위 자손들의 보기 드문 충성으로 그들은 제사장 직분을 맡은 모세에게 합류할 수 있게 되었습니다.

그러나 레위 자손의 충성의 대가를 보십시오! 그들은 앞으로 백성들을 우상숭배로 이끌 가능성이 있는 자들은 누구든지, 그들이 형제든, 친구든, 혹은 사랑하는 자들이라도 모두 죽이라는 명령을 받습니다. 여기에 순종함으로 신실한 레위 사람들은 살아남은 자들에게 무엇이 참 회개인지를 보여 줍니다.

이런 경험은 지켜보는 자들을 절망하게 하여 다시 한 번 철저하게 자기 자신을 불신하고 하나님께 집중하게 합니다. 그들의 과오가 너무나도 명백하고 엄청난 것이라도 뒤돌아보지 말고, 영원히 하나님의 뜻을 섬기기 위해 자신을 하나님께 드려야 합니다. 그들은 이제 자신들의 무력함을 분명하게 보게 됩니다.

이 시점에 자기들의 힘을 모두 없애버리고 회개한 성도들은 우상숭배에 빠지게 만들었던 자기 사랑과 이기심을 가차 없이 제거해 버립니다. 그들은 본질적으로 자기 사랑과 이기심을 파괴하는 도구가 됩니다. 새롭고 정결한 제물로 그들은 과오를 용서받는 것을 하나님의 손에 맡깁니다. 그것을 하나님의 뜻에 맡김으로 무엇이든 그분께 가장 큰 영광을 드립니다. 그들은 하나님의 자비를 확신하기에 불평하지 않으며, 바라지도 않습니다.

우리는 28절과 29절에서 레위 자손이 모세의 말대로 행하는 모습을 보게 됩니다. 그날 삼천 명가량이 그들의 칼에 쓰러졌습니다.

타락 가운데 있는 성도들은 자신을 하나님의 자비에 내어 드려야 합니다. 하나님의 자비를 믿기에 회개하고 죄를 용서받을 수 있는 것입니다. 그러나 여기까지 온 자들은 사랑으로 강건해져서 회개하고 다시 일어나 타락에서 빠져나와야 합니다. 그리고 이전보다 나아지기 위해 사심 없이 행동해야 합니다. 그들은 마땅히 받아야 할 벌을 기꺼이 받고, 하나님의 공의에 자기를 바쳐야 합니다.

죄 용서가 아니라 오직 하나님의 뜻과 가장 큰 영광을 구하면서 하나님의 크신 사랑과 자비에 자신을 내던지는 그들을 보십시오. 그리고 하나님의 사랑은 그 많고 악랄한 죄들을 한순간에 덮습니다. 그러므로 그들은 인정사정없이 모든 이기심을 희생합니다. (여기서 이기심은 아들과 형제와 친구들로 나타납니다.)

이런 종류의 회개, 즉 내적 성도의 회개는 그 영혼을 타락하기 전의 상태로 되돌려 놓는 능력이 있습니다. 어떤 종류의 회개든지 구원을 확증해 줄 수는 있어도 **결코** 타락하기 전의 상태로는 되돌려 놓지는 못합니다. 그러나 어떤 형태의 회개는 성도가 이기심에 더욱 깊이 빠져들게 하여 심지어 그 상태에서 더 멀리 옮겨 놓을 수도 있습니다.

그런 성도들은 타락한 후에 이런 방식으로 회개하기가 힘듭니다. 그것은 계속 그들 안에 거하면서 자기 사랑(자기애)을 지극히 고통스럽고 힘들게 합니다. 사실 이런 성도들은 자기 죄의 결과를 마시고 혼돈의 뜨거운 열기가 자기들을 불살라 버리게 내버려 두느니 차라리 산 채로 가죽이 벗겨지는 편이 더 낫겠다고 생각합니다. 그럼에도 불구하고 그런 회개에 자기가 소멸될수록, 하나님께는 영광이 됩니다. 이런 회개는 너무나 순결해서 그 성도가 회개하자마자, 타락하기 전의 상태로 회복됩니다. 게다가 그는 타락하기 전에는 없던 장점들을 가지고 다시 세워집니다.

이 회개는 전도서 10장 4절에 언급되어 있습니다.

"통치자가 너에게 화를 낼 때에, 너는 네 자리를 뜨지 말아라. 침착하면 큰 잘못을 막을 수 있다"(새번역 성경).

각 성도의 자리는 타락하기 전에 하나님이 그를 두셨던 곳입니다. (아무리 비참하게 타락했을지라도, 우리는 이 자리를 떠나지 말아야 합니다.)

그리스도를 열심히 따르는 자는, 자기를 향한 주님의 모든 계획에 순복하여 비참한 상태로 조용히 지내면 하나님이 최상의 해결책들을 적용해 주실 것을 신뢰하며, 그냥 그 자리로 돌아와 그의 길을 계속 가야 합니다. 이런 해결책으로 인해 믿는 자는 죄에서 회복되고 심지어 더 큰 복들을 얻게 될 것입니다.

내가 언급하고 있는 것은 대단히 중요합니다. 그러므로 영적 지도자들은 이 조언을 이해해야만 합니다. 그래야 성숙한 **성도들**이 타락했을 때 **놀라지 않고** 비참함 가운데 있는 그들을 붙잡아 줄 수 있습니다. 그들에게 새로운 용기를 주고 기꺼이 하나님께 돌아가려는 소망을 갖게 하십시오. 그들이 믿음을 지킬 수 있게 힘을 주십시오. 자의로 옛적 행실로 돌아가지 않도록, 현재 그들의 혼란한 상태까지도 사랑할 수 있게 격려해 주십시오. 그리하여 그들이 더욱 하나님의 영광을 높이게 하십시오. 이렇게 하여 성도는 그가 타락했던 내적인 여정의 바로 그

현장에서 조용히 그리고 순순히 회개하게 됩니다.

　다윗의 회개가 바로 이런 종류의 것이었습니다. 우리가 아는 바와 같이 하나님은 그의 회개를 흔쾌히 받아 주셨습니다. 다윗이 범죄하고 회개한 후, 성령님은 그가 범죄하기 전과 마찬가지로 계속해서 그의 입을 통해 말씀하셨고 시편들을 받아 적게 하셨습니다.

　또한 베드로의 회개도 주의해 보십시오. 베드로는 주님을 부인했지만, 넘어졌다고 해서 예수 그리스도께 받은 사명을 포기하지 않았습니다. (예수 그리스도는 사도들 가운데 베드로를 수제자로 꼽으셨습니다.) 오히려 며칠 후에 거룩한 용기로 자기 은사를 발휘하는 그의 모습을 볼 수 있습니다.

　그들의 죄에도 불구하고, 이 위대한 사람들 가운데 어느 누구도 교회 안에서 하나님이 맡기신 위치를 떠나지 않았습니다. 이것은 거룩한 치료자이신 하나님이 우리의 모든 악과 상태에 대한 해결책을 가지고 계시기 때문에 우리가 무슨 죄를 지었든지 이룩한 내적 삶을 버리거나 떠날 필요가 없다는 것을 가르쳐 줍니다.

　하나님은 우리가 다른 길로 다시 시작한다는 핑계로 되돌아가기를 바라지 않으십니다. 그분은 당신이 두 배의 속도를 내어 온전한 신뢰와 철저한 자기 포기로 그분의 손을 잡기를 바라십니다. 이렇게 함으로 당신은 더욱 앞으로 나아가게 될 것입니다.

죄는 모든 악 가운데 가장 큰 것이지만, 하나님은 우리를 온전케 하시기 위해 죄까지도 사용하실 수 있습니다.

죄가 우리에게 일으키는 혼란과 그로 인해 경험하게 되는 우리의 연약함 때문에 (우리의 자존과 자기애가 깨지면서) 우리는 자기 소멸을 방해하는 커다란 장애물들로부터 해방되고, 우리가 하나님 안으로 흘러들어 가는 것이 차단됩니다. 하나님은 많은 성도들 가운데 이런 넘어짐을 허락하셔서 나중에 그들이 훨씬 더 신속하고 확실하게 그분께로 인도 받게 하십니다.

영적인 사람들의 넘어짐은 확신을 주기보다는 **확신**을 빼앗아 가기 때문에, 그들의 회개는 너무나도 고통스러운 경우가 많습니다. 그러므로 계속 그렇게 불확실한 상태로 있을 만큼 신실한 이들은 거의 없습니다. 결과적으로 그렇게 넘어진 뒤, 본래의 상태를 다시 회복하는 사람들은 소수입니다. 그러나 만약 당신이 이런 위기에 처해 있다면, 꿋꿋하게 끝까지 이 멍에의 무게를 견디십시오.

자기의 힘이나 노력으로 그 무게를 덜어 보려 하지 마십시오. 하나님의 힘을 발견하십시오! 그러면 당신은 정말로 유익한 것들을 얻게 될 것입니다! 또한 하나님께는 얼마나 영광인지요.

30절에서 모세는 백성들에게 다음과 같이 말합니다. "너희가 큰 죄를 범하였도다. 내가 이제 여호와께로 올라가노니 혹 너희를 위하여 속죄가 될까 하노라."

참된 목자의 특징은 헌신적인 사랑입니다. 모세와 같이 좋은 목자는 백성들의 죄를 꾸짖고 그 죄를 백성에게 알려 주면서 시작합니다. 그런 다음 백성의 엄청난 범죄에 합당한 벌을 자신이 담당하겠다면서 그들을 용서해 달라고 하나님께 간청합니다.

오, 이 얼마나 훌륭한 말인가요! 그는 "주여, 이제 그들의 죄를 사하시옵소서. 그렇지 아니하시오면, 원하건대 주께서 기록하신 책에서 내 이름을 지워 버려 주옵소서."라고 했습니다. 여기서 모세가 언급한 책은 **생명책**입니다. 모세는 이 책에 자기의 이름이 기록되어 있는 것을 알고 있었습니다. 하나님은 **이런 종류의 기도**에 응답하실 수밖에, 용서해 주실 수밖에 없습니다. 이처럼 순수하고 사심 없는 사랑은 모든 것을 얻습니다.

위대한 영혼의 인도자인 바울도 동포인 이스라엘 백성들이 구원 받을 수만 있다면, 자신은 저주를 받아도 좋다며 이와 비숫한 기도를 했습니다. 모세와 바울 모두 완전한 사랑의 희생이 얼마나 많은 것을 성취할 수 있는지 경험으로 알고 있었습니다.

잔느 귀용의 묵상집
Exodus_출애굽기

　여호와께서 모세에게 말씀하셨습니다. "너는 네가 애굽 땅에서 인도하여 낸 백성과 함께 여기를 떠나서 내가 아브라함과 이삭과 야곱에게 맹세하여 네 자손에게 주기로 한 그 땅으로 올라가라."

　하나님, 주님은 그들의 죄악에도 불구하고 이 은혜를 모르고 불충한 백성들에게 보응하기를 기뻐하십니다. 주의 말씀의 신실함 때문에 그렇게 하시며, 또한 그들이 이전에 행한 믿음과 희생과 자기 포기 때문에 그렇게 하십니다. 그러나 무엇이든지 감각에 따르는 것은 영을 상하게 할 것이 분명하기 때문에 바로 이 상이 끔찍한 벌이라고 아뢰는 것을 허락해 주시옵소서.

하나님은 이어서 말씀하셨습니다. "내가 사자를 너보다 앞서 보내어 가나안 사람과 아모리 사람과 헷 사람과 브리스 사람과 히위 사람과 여부스 사람을 쫓아내고 너희를 젖과 꿀이 흐르는 땅에 이르게 하려니와 나는 너희와 함께 올라가지 아니하리니 너희는 목이 곧은 백성인즉 내가 길에서 너희를 진멸할까 염려함이니라."

하나님은 백성들의 여정 가운데 빛, 곧 눈에 보이는 천사들을 보내 주신 것처럼, 그들에게 복과 위로와 기적들을 베풀기를 기뻐하십니다. 무지한 사람은 이런 위대한 일들을 대단하게 여길지도 모르겠습니다. 그러나 그는 이런 것들 안에 포함되어 있는 무시무시한 징벌은 보지 못합니다. 그 징벌은 독특합니다. 하나님은 그들을 그분의 은사들로 채워 주시면서 하나님 자신은 주지 않으십니다. 얼마나 무섭고 위험한 상황인가요! 정말 끔찍한 상황입니다!

그렇지만 많은 이들이 알고 있는 한 사람, 모세는 다릅니다. 모세는 이렇게 간청합니다.

"주여, 다른 모든 것들은 거두어 가시고, 우리에게 주님을 주시옵소서. 그것으로 충분합니다."

그러자 하나님은 은혜를 모르고 육신적이며 이기적인 백성들을 바로 이것으로 벌하십니다.

"나는 너희와 함께 올라가지 아니하리니." 이 말씀에 주목하십시오. 이것은 하나님이 어떻게 그분 대신 은사들을 주셨는지 보여 줍니다. 벌이 분명한데도 사람들은 그것을 '복'을 받는 것으로 여기는 경우가 너무나도 많습니다.

하나님은 계속해서 말씀하십니다. 하나님이 백성들과 함께 올라가지 않으시는 것은, 그들이 목이 곧은 백성이기 때문이라고 말입니다. 그들과 계속 함께하시다가는 그들을 진멸하실 수밖에 없을 것입니다. 하나님은 그들과 동행하시면서 그들을 순결한 길로 그리고 모든 것이 그대로 드러나는 길로 인도하기로 하셨습니다. 우리는 바로 이 길로 완전하게 하나님께 나아갈 수 있습니다. 그런데 하나님은 그들이 이 시련을 **감당하지 못할 것**을 일찍부터 아셨습니다. 따라서 멸망은 피할 수 없는 결과가 될 것입니다.

이스라엘 백성들은 하나님의 말씀을 듣고 슬퍼하며 몸을 단장하지 않았습니다.

백성들의 죄악이 그들에게서 진리의 기억을 완전히 빼앗아 간 것은 아니었습니다. 그들은 매우 지혜롭게 행동했습니다.

하나님의 결정을 듣고 슬퍼하며 하나님이 주신 모든 은사들을 중하게 여기지 않았습니다. 그들은 장신구를 몸에 달지 않았습니다. 하나님을 그들 가운데 모시는 기쁨을 누리고자 그들의 모든 소유를 비우려 한다는 것을 보여 드리려고 그렇게 한 것입니다. 이것이 하나님을 얻는 적절한 행동 방식입니다.

하나님은 백성들이 진정으로 그분을 갈망하는지, 아니면 단순히 그분의 은사들만 원하는지 보시려고 그들을 시험하셨습니다. 그분은 백성들에게 무시무시하게 말씀하셨습니다. "너희는 목이 곧은 백성인즉 내가 한순간이라도 너희 가운데에 이르면 너희를 진멸하리니, 너희는 장신구를 (나의 호의가 남아 있는 모든 것들을) 떼어 내라. 그리하면 내가 너희에게 어떻게 할 것인지 정하겠노라."

비슷한 상황에서 많은 이들이 다음과 같이 말할 것입니다. "**천사**로 우리를 지켜 주시고, 우리가 하나님의 은사들을 간직하게 해주소서! 하나님이 우리와 함께 가시지 않아도 괜찮습니다."

이것이 오늘날 대다수 교회들의 상태입니다.

그러나 이런 경우 잘 훈련된 백성은 정반대로 반응합니다. 그들은 침묵을 지킴으로 상당한 대가를 치르더라도 다른 무엇보다 하나님을 원한다는 것을 보여 줍니다. 그들은 즉시 모든 장신구를 떼어 버립니다.

그런데 왜 성경은 앞에서는 백성이 관습적인 장식들을 하지 않았다고(4절) 하더니, 지금은 그들이 장신구를 떼어 냈다고 (6절) 말하는 것입니까? 나는 이것을 다음과 같이 이해합니다. 그들은 하나님께서 그분 대신 주시려는 은혜들을 입지 않습니다. 오히려 그것들을 멸시합니다. 그들이 갈망하는 것은 하나님 자체이지 그분의 은사들이 아니라는 것을 확실하게 보여 드리려고 이전에 받아 간직하고 있는 은사들까지도 벗어버립니다. 만일 하나님이 그들을 이끌어 주시기만 한다면, 그들은 다른 무엇보다도 소멸을 택합니다.

그들이 아낌없이 장신구들을 벗어버리자마자, 하나님이 친히 그들과 동행해 주실 것을 확인해 주려는 것처럼, 모세는 그들 앞에 언약의 장막을 세웠습니다. 모세가 장막(회막) 안으로 들어가자마자, 하나님이 친히 거기에 나타나셨습니다. 그리고 전과 같이 구름 가운데서 말씀하셨습니다.

이 가련한 범죄자들은 회막에서 그들의 피난처를 발견했습니다. 그들은 거기서 필요한 모든 것을 하나님께 구했습니다. 구름 기둥을 보고 하나님이 그들과 함께하심을 알았고, 곧바로 그들의 장막에서, 곧 그들의 안식처에서 경배 드렸습니다. 완전히 하나님께 순복한 사람은 그의 안식에서 떠나지 않고 행하는 모든 일에 경배 드리는 법을 압니다. 이런 방식의 경배는 다른 무엇보다도 완벽합니다.

백성들은 멀리 서서 경배 드렸습니다. 믿음과 사랑으로 그리고 영과 진리로 드린 온전한 예배는 거리나 특정 조건, 자세 등과는 아무 상관이 없습니다. 예배가 하나님께 올라가고, 예배드리는 자는 하나님을 향해 일어섭니다. 그러나 회개한 백성들의 이런 예배가 훨씬 깊어졌어도, 여전히 모세에게는 미치지 못합니다.

하나님의 선택 받은 자이자 유일한 친구인 모세는 모든 연합 가운데 가장 친밀하게, 그리고 인간의 능력을 초월하여 고결하게 하나님과 대면하여 이야기를 나눕니다. 하나님은 모세와 교제하시려고 그의 역량을 높여 주시고 자신을 낮추셨습니다. 이제 하나님과 사람이 얼굴을 맞대고 이야기를 나눕니다. 하나님은 그분의 친구를 너무나도 친근하게 대하십니다. 그것은 우리가 가장 친한 친구들을 대하는 것에 비유할 수 있습니다. 하나님은 모세에게 아무것도 숨기지 않으십니다.

모세가 진으로 돌아왔어도 여호수아는 회막을 떠나지 않았습니다. 지속적으로 기도하는 것은 지금 막 내적인 길에 들어선 어린 성도의 습관입니다. 그들은 하나님의 임재에 크게 매료되어 그 자리를 떠날 수가 없습니다. 달콤하게 파고드는 사랑이 이들 열정적인 어린 성도들을 꼭 붙들어 자기 자신에게 몰두하게 합니다. 그들을 채우는 강력하고 생생한 하나님의 임재가 그들 안에서 (회막 안에 있는 것처럼) 너무나도 달콤하게 쌓이기 때문에 떠나고 싶지 않은 것입니다.

모세의 본을 따르는 현명한 지도자는 아직 그들을 끌어 낼 때가 되지 않았기 때문에 기도하게 내버려 둡니다.

모세는 지금 하나님의 얼굴 보기를, 그리하여 주를 알고 주의 은총을 입게 해 달라고 기도했습니다. 또 하나님의 백성에게 은총을 베풀어 달라고 기도했습니다.

모세의 이러한 기도가 대담하고 하나님께 무례하며 게다가 아무 소용 없는 것처럼 보일지도 모르겠습니다! 그렇습니다. 모세의 기도는 대담하다고 할 수 있습니다. 도대체 어떤 사람이, 결국은 죽을 존재이면서 하나님의 분명한 비전을 갈망하는 것일까요? 기도하는 사람은 하나님이 그 얼굴을 드러내신다고 여기기 때문에 (어떤 사람들은 하나님이 **이 세상**에서는 그런 일을 하지 않으신다고 말합니다.) 그런 기도는 하나님을 모욕하는 것으로 여겨질 수도 있습니다. 마지막으로 하나님이 이미 모세와 대면하여 말씀하셨다고 성경에 언급되어 있기 때문에 이 기도가 의미 없다고 여겨질 수도 있습니다. 그러나 모세의 기도는 그런 종류의 것이 아닙니다.

이때 모세는 자기를 위해서가 아니라, 내적 백성인 큰 나라를 대신하고 있기 때문에 그의 간청은 정당합니다. 그는 (그의 백성과 마찬가지로) 하나님의 사자가 아니라 하나님이 친히 그들을 인도하실 것인지 확실히 알고 싶어 합니다. 이스라엘 백성들은 아직도 가야 할 무시무시한 여정 가운데 오직 하나님만이 인도자가 되어 주셔서 그들을 그분께로 이끌어 주실 것을 한 번 더 확인해 주시기를 기대합니다. (이 길은 그 여정이 끝나갈수록 더 위험해집니다.)

모세는 하나님이 이 백성을 이끌어 주실 것인지 간절히 알고 싶었습니다. 그는 이스라엘이 은혜로 회복되었는지 궁금했습니다. 또 앞으로 그들의 여정이 얼마나 안전한지 알아보고 싶었습니다. 모세는 또한 하나님이 말씀하신 것들을 오류 없이 가르칠 수 있도록 확실하게 보고 이해하기 위해 그분의 얼굴을 보아야만 했습니다.

믿는 자가 이미 어떤 것을 누리며 이해하고 있을지라도, 여전히 다른 사람들을 이해시킬 분명하고 쉬운 표현이 필요하다는 것은 주목할 만한 일입니다. 바울은 두 개의 다른 은사를 구별하였는데, 다른 방언을 말하는 은사와 그런 방언들을 통역하는 은사입니다. 또 성령의 은사들 가운데 **지혜**와 **명철**과 **모략** 사이에는 큰 차이가 있습니다.

지혜는 그들이 **경험** 가운데 맛본 것으로 하나님의 진리를 분별하는 것입니다. **명철**은 하나님의 진리를 완전히 파악할 수 있게 해 줍니다. 그러나 **모략**은 하나님의 진리들을 **다른 사람들**에게 명확하게 표현할 수 있는 능력입니다. 바로 이런 이유로 바울은 하나님의 얼굴이 자기에게 나타났다고 말한 것입니다. "우리가 지금은 거울로 보는 것같이 희미하나 그때에는 얼굴과 얼굴을 대하여 볼 것이요 지금은 내가 부분적으로 아나 그때에는 주께서 나를 아신 것같이 내가 온전히 알리라"(고전 13:12).

 우리는 모세가 "주의 백성이 주님 앞에서 은총을 입게 하옵소서. 나는 그들을 위해 이것을 구하는 것입니다." 하고 덧붙이며 기도하는 것에서 자신을 생각하지 않고 있음을 또다시 깨닫게 됩니다.

 하나님은 계속해서 모세에게 특별히 그를 보호하고 계신다는 것을 확인시켜 주십니다. 그분은 모세에게 안식처를 약속하십니다. 다시 말해 모세는 언제나 하나님을 찾게 될 것이고, 늘 그분 안에서 안식하게 될 것입니다. 그는 다른 것들에 대하여 염려할 필요가 없습니다.

 그러나 자기 이익은 모두 잊고 오로지 그의 양 떼만 생각하는 모세의 큰마음은 이런 유익을 거부합니다. 그는 계속해서 하나님께 간청합니다. 만일 하나님이 이 백성들 앞에서 행하시는 모습을 보지 못한다면, 백성이 이곳을 떠나게 할 수 없다고 항변합니다.

모세는 하나님께 질문했습니다. "나와 주의 백성이 주의 목전에 은총 입은 줄을 무엇으로 알리이까? 주께서 우리와 함께 행하심으로 나와 주의 백성을 천하 만민 중에 구별하심이 아니니이까?"

우리에게 용서에 대한 무슨 기대와 소망이 있습니까? 적들을 어떻게 이겨야 할까요? 주님이 친히 우리와 함께 가시지 않으면, 우리가 어떻게 안전히 걸을 수 있겠습니까?

이와 같이 하나님을 따르는 자는 그분을 잃으니 차라리 모든 것을 잃어버리는 편을 택합니다! 우리가 하나님의 인도하심 아래 행할 때, 얼마나 안전한지요! 그러나 다른 길을 걸으면, 우리는 수많은 위험에 노출됩니다.

하나님은 헌신적인 사랑이 넘치는 진정하고 참된 목자, 모세의 이름을 아십니다. 그래서 그가 구하는 것을 주십니다. 모세의 순수하고 열정적인 사랑 때문에 하나님은 그에게 아무것도 거절하실 수가 없습니다. 이것이 바로 '하나님 앞에서 은총을 입는' 것입니다.

    그러나 하나님은 이때 모세에게 적에 대한 승리만을 허락하십니다. 이것은 '하나님이 그 외의 것은 **허락하지 않으신다**'는 말씀이 아닙니다. 다만 하나님은 열정적으로 구하고 고생하며 얻을 만한 가치가 있는 이 놀라운 상을 모세가 간절히 바라고 기다리게 하는 것을 기뻐하실 뿐입니다.

    그런 사람은 세상적인 것이나 제한된 보상에 만족하지 않습니다. 모세는 표현은 다르지만, 동일한 은총을 또다시 간구합니다. 그는 "주의 영광을 내게 보이소서"라고 말합니다. 그것은 마치 "주의 영광을 보기 전에는 그리고 주님이 어떤 분인지 알기 전까지 나는 만족하지 않을 것입니다"라고 말하는 것 같습니다. 하나님은 모세에게 그분의 선하심을 전부 보여 주시겠다고 약속하십니다. 실제로 하나님 자체가 최고의 선이시며, 모든 선한 것의 근원이십니다.

    그러나 하나님의 답은 그렇게 간절히 청하는 모세에게서 흠을 잡으시는 것처럼 들립니다. 그분은 모세에게 말씀하십니다. "나는 은혜 줄 자에게 은혜를 주고 긍휼히 여길 자에게 긍휼을 베푸느니라." 그런데도 모세는 이처럼 냉혹해 보이는 상황에 우리를 내버려 두지 않습니다. 사실 이것은 하나님이 우리에게 이전에 보여 주신 모든 친절과 사랑보다 더 큰 유익이 있을 것입니다. 그렇습니다. 이것은 주님이 당신을 향한 크신 사랑 때문에 당신이 원하는 모든 것을 주실 것이라는 증거입니다.

하나님은 그의 종들에게 복을 약속하셨습니다. 그분은 그 복들을 수많은 사랑의 증거들과 함께 베풀어 주십니다. 그런데 거절하시는 것처럼 보이는데 가장 좋은 것을 주십니다. 하나님이 거절하시는 것처럼 보일 때, 그것은 안으로 받아들이시는 것입니다. 예를 들어 예수 그리스도께서 가나안 여인을 거절하신 것은 단지 그 여인의 이야기를 더 불쌍히 여기며 들어주시기 위함이었습니다.

한 사람이 하나님 안으로 받아들여지려면, 먼저 그 속에 있는 자연인을 없애버려야 합니다. 그는 말로 표현할 수 없는 이 은혜에 오직 하나님의 온전한 선하심만 바라보아야 한다는 것을 알아야 합니다. 바울은 로마서 9장 16절에서 이렇게 설명합니다. "그런즉 원하는 자로 말미암음도 아니요, 달음박질하는 자로 말미암음도 아니요, 오직 긍휼히 여기시는 하나님으로 말미암음이니라."

하나님은 모세에게 말씀하십니다. "네가 내 얼굴을 보지 못하리니 나를 보고 살 자가 없음이니라."

하나님은 모세의 청을 거절하십니다. 그렇게 하시면서 하나님을 온전히 누리기 위해 필요한 자세를 가르쳐 주십니다. 자기만 위하고 추구하는 모든 것, 사실상 하나님이 아닌 모든 것에 대해 진정으로 죽지 않으면 하나님을 볼 수 없습니다. 그래서 하나님은 "죽지 않으면 아무도 나를 보지 못할 것"이라고 하지 않으시고, 다만 "나를 보고 살 자가 없다"고 말씀하신 것입니다. 그분은 우리가 한 번의 죽음은 물론 여러 차례의 죽음으로도 이 지극한 기쁨에 이르기에 충분하지 않다는 것을 이해하기를 바라십니다. 자기 위주의 것이 가장 작은 입자라도 남아 있어서는 안 됩니다.

여러 차례의 영적인 죽음이 있는데, 모두가 영혼의 정화, 곧 감각, 육신의 능력 그리고 중심의 정화에 필요합니다. 이 죽음들은 모두 **많은** 생명의 상실로만 성취됩니다. 사람의 자기중심적 성향을 부양하는 자연적인 애착의 대상들과 지지물들이 많이 있기 때문입니다. 하나님을 보려면 가장 친밀한 연합으로 하나님과 하나 되어야 합니다. 믿는 자는 이 **모든** 생명을 완전히 잃어버려야 합니다. 만약 순결한 사랑의 거룩한 불길이 이 땅의 영역에서 우리의 자연적인 애착의 대상들과 지지물들을 소멸시키지 않으면, 정화하는 불이 영적 영역에서 그것들을 살라 버려야 합니다.

하나님은 자신이 지나가신 다음, 그분의 등을 볼 수 있게 모세를 반석 틈에 두시겠다고 말씀하십니다.

하나님을 누릴 수 있는 곳은 바로 그분 곁입니다. 뿐만 아니라, 이 거룩한 곳은 그분 안에 있으며, 또한 **하나님 자신이십니다**. 값을 매길 수 없는 이 보물을 소유하려면, 하나님의 흔들리지 않는 성품의 반석 위에 우리를 견고히 세워야 합니다. 하나님은 말씀하십니다. "내 영광이 지나갈 때에, 내가 손으로 너를 덮어 보호할 것이다. 그러면 네가 소멸되지 않고 이와 같은 큰 은총을 감당할 수 있게 될 것이다. 그러나 너는 좁은 바위굴 혹은 틈 사이로만 나를 볼 것이다." (이것이 영의 가장 기묘한 점입니다.)

"이 세상에서는 번개가 번쩍 하고 사라지는 것처럼 나의 장엄한 영광이 순식간에 지나갈 텐데, 그때 내 영광을 보지 못하게 너를 보호하던 내 손을 거둘 것이다. (하나님은 당신의 영혼이 몸에서 분리되지 않게 하려고 이렇게 하시는 것입니다. 육신은 너무나도 연약해서 이러한 하나님의 영광의 무게를 감당할 수 없기 때문입니다.) 그러면 네가 나를 보게 될 것이다! 또 내가 살짝 보여 줄 나의 거룩함에 너는 내가 스스로 있는 자라는 것과 내 안에 만유가 있다는 것을 어느 정도 이해하게 될 것이다."

모세는 하나님의 등을 볼 수 있게 허락받았습니다. 모세처럼 최고의 자리까지 올라간 사람도 오직 사람이 이해할 수 있는 것만 보게 될 것입니다. 높은 단계에 있어도 하나님에 대해 표면적으로만 이해할 수 있을 뿐입니다.

잔느 귀용의 묵상집
Exodus_출애굽기

   이제 하나님은 모세에게 그가 깨뜨린 것과 동일한 돌판 두 개를 깎아 오라고 하십니다. 그러면 거기에 처음 돌판들에 써 주셨던 것을 다시 새겨 주실 것입니다.
   하나님은 자신을 볼 수 있게 허락하심으로 모세에게 특별한 호의를 베푸십니다. 그런데 **다시는 깨지지 않을** 돌판에 하나님의 법을 새기시는 것이 조건입니다. 여기서 하나님은 불신의 영향을 받지 않는 확고한 마음에 그분의 법을 새기려는 열망을 보여 주십니다.
   산 위에서 하나님을 바라보며 행복감에 젖어 있는 모세의 모습은 그런 선물을 받은 사람의 기쁨을 보여 줍니다. 그의 말은 내적 중심에 하나님의 방문을 받은 사람들이 이처럼 향기로운 교제를 경험하고 (타오르는) 사랑의 불길을 어떻게 하나님께 바치는 수많은 찬양으로 승화시킬 수밖에 없는지 알려 줍니다.

여기에 주님에 대해 명확하게 알게 된 신부의 모습이 있습니다. 주님은 신부에게 자신을 드러내십니다. 신부는 그분을 참되고 자비로우며 오래 참으시는 주 하나님이라고 부릅니다. 그녀는 주님의 거룩한 성품들을 아무리 높이 찬양해도 부족합니다. 신부는 그분의 모든 성품을, 그분의 자비와 공의, 그분의 덕은 물론 그의 능력까지 다 똑같이 사랑합니다.

그녀는 사심 없이 주님을 바라봅니다. 그래서 하나님 안에서 혹은 그분의 자녀들을 위해 빛을 발하는 그분의 온전하심에 황홀해합니다.

모세는 그가 열망하는 것을 얻기 위해 바로 이 축복의 순간을 사용합니다. 그는 먼저 하나님을 경배합니다. 그런 다음 "우리의 악과 죄를 사하시고 우리로 주의 기업을 삼으소서."라고 하면서 하나님께 백성들을 인도해 달라고 간청합니다. 하나님은 죄가 있는 곳에 거하실 수 없습니다. 그러므로 죄를 용서받은 가장 확실한 표는 하나님의 소유가 되어 그 안에 하나님을 모시는 것입니다. 죄를 용서하실 때, 하나님은 그 마음을 다시 소유하셔서 그분 안에서 죄 가운데 죽기 전의 상태로 회복시키셔야 합니다.

하나님은 모세가 바라는 대로 해 주겠다고 약속하십니다. 또한 그가 지금까지 받은 모든 복보다 훨씬 더 큰 복을 주시겠다고 맹세하십니다. 하나님이 우리의 영 안에 거하려 하실 때, 우리 안에서 하나님이 역사하시면서 우리가 소유한 모든 것들을 비워 버리셔야 합니다. 그러나 모든 복의 근원이신 하나님이 우리와 함께 거하실 때, 우리가 지금까지 한 번도 경험해 본 적 없는 복들을 받게 됩니다. 이런 선물들은 하나님의 안뜰의 장식품처럼 **그분이 계시지 않으면** 존재할 수 없습니다.

하나님은 모세에게 그들이 곧 들어가게 될 땅의 거민들과 (화친의) 언약을 세우지 말라고 충고하십니다. 마찬가지로 하나님을 구하고 찾는 자들에게 자기들만을 위해 사는 사람들과 더는 관계하지 말라고 조언하십니다.

믿는 자들은 바로 여기서 하나님 안에서 상실된 상태에서 빠져나와 이 비열한 동료들의 본을 따라 자기 자신에게 돌아갈 위험성이 있습니다. 이것은 그들의 파멸을 가져오게 됩니다.

하나님은 한 번 더 이스라엘 백성에게 최근에 그랬던 것처럼 다른 신에게 절하지 말라고 명령하십니다. "여호와는 질투라 이름하는 **질투의 하나님**"이시기 때문입니다.

오 나의 하나님, 주님은 피조물들의 마음과 영에 대해 참으로 거룩한 질투를 품으십니다! 주님은 그들이 오직 주님께만 속하기를 원하시고 결코 다시는 어떤 우상숭배의 유혹에도 빠지게 내버려 두지 않으려 하십니다.

16절에서 하나님은 이스라엘 백성들에게 약속의 땅에 거하는 사람들과 결혼하지 말라고 경고하십니다. 여기에는 이유가 있습니다. 그분은 이런 결혼을 우상숭배라고 말씀하십니다. 심지어 우상숭배를 음란하다고 하십니다. 하나님의 백성은 오직 하나님께만 속해야 하는 것처럼, 그분의 백성인 우리도 오직 하나님께 마음을 드려야 합니다. 우리가 하나님 대신 다른 어떤 것에 마음을 주는 순간, 우리는 간음을 저지르는 것입니다.

야고보는 다음과 같이 외치며 동일한 것을 말하고 있습니다. "간음한 여인들아, 세상과 벗된 것이 하나님과 원수 됨을 알지 못하느냐? 그런즉 누구든지 세상과 벗이 되고자 하는 자는 스스로 하나님과 원수 되는 것이니라"(약 4:4).

모세가 산에서 내려왔을 때 그의 얼굴에서는 빛이 났습니다. 이것은 그가 하나님 안으로 흘러들어 가서 그분 안에서 놀랍게 변화되었음을 분명히 보여 주었습니다. 이런 경험의 충만함이 그의 육신에까지 흘러넘쳤던 것입니다.

하나님 앞에서는 얼굴을 가리지 않았던 모세가 백성에게 말할 때는 현명하게 다시 수건으로 얼굴을 가렸습니다. 모세의 이러한 자세는 우리의 본이 됩니다. 곧 모세 정도의 사람들은 그들에게 계시된 비밀이나 그들이 경험한 것을 그와 비슷한 경험을 해 본 적이 없는 사람들에게 이야기해서는 안 된다는 것을 보여 줍니다. 그런 지식은 아직 이해할 준비가 되어 있지 않은 성도들을 두렵고 불쾌하게 할 뿐입니다. 이런 비밀들은 하나님과 그분이 그것들을 계시해 주신 사람들 그리고 그것들을 받을 준비가 된 사람들에게만 알려야 합니다. 그 외 사람들에게는 모든 것이 수건으로 가려져 있어서 (그들이 아무리 인지할 수 있다고 믿어도) 그들의 영에 인식되지 않습니다. 만약 이 수건이 벗겨졌다면, 그들은 하나님의 영광에 잠겨 있던 사람이 발하는 광채를 감당할 수 없었을 것입니다.

잔느 귀용의 묵상집
Exodus_출애굽기

하나님은 이스라엘 백성들에게 안식일에는 그들의 처소에서 불도 피우지 말라고 명령하셨습니다. 이 명령은 하나님의 안식의 날에 들어간 자들이 누리는 안식에 대해 이야기합니다. 그들은 자기의 일은 아무것도 하지 말고, 다만 하나님의 돌보심 가운데 있는 그대로 지내야 합니다.

불을 피운다는 것은 하나님의 사랑이 식지 않도록 살짝 애정을 자극하는 것을 의미합니다. 이것은 하나님 안에서 완전한 안식에 도달하지 못한 사람들에게 허락됩니다. 그들은 여전히 지속적으로 활동하며 어떤 증거로 자신을 지탱해 줄 필요가 있습니다. 그러나 안식일(하나님 안에서 안식하는 상태)

에는 더 이상 그렇게 해서는 안 됩니다. 이 시점에 그렇게 하는 것은 하나님의 안식을 방해하고 안식의 거룩성을 범하는 것입니다.

이 거룩한 안식으로 부름 받은 당신은 그 안으로 들어가서 두려움 없이 거기 머무릅니다. 당신 안에서 침묵과 안식으로 온전히 경배 받기를 원하시는 하나님의 위엄을 높여 드리십시오.

바울이 히브리서 4장 9절에서 "그런즉 안식할 때가 하나님의 백성에게 남아 있도다."라고 한 것처럼, 이것이 은혜의 법 안에서 우리에게 남아 있는 안식이라는 것을 기억하십시오. 하나님께 택함 받은 최고의 백성인 당신이 이 안식으로 일단 들어가면, 계속해서 그것을 기념하게 됩니다. 하나님의 안식은 영원하기 때문에 죽음도 당신을 이 상태에서 분리시키지 못할 것입니다.

이제 하나님은 백성들에게 예물을 바치라고 명하십니다. 그분은 자원하는 마음으로 드릴 것을 명하십니다. 하나님이 요구하시는 이 첫 예물들은 첫 번째 선행입니다. 이것은 하나님의 사랑으로 새롭게 태어난 우리가 스스로 행함으로 하나님께 바칠 수 있는 영적 삶의 시작을 말합니다.

우리의 모든 행위를 하나님께 말씀드려야 합니다. 그리고 우리 자신을 위한 것은 무엇이든 그대로 두어서는 안 됩니다. 우리가 이처럼 힘이 닿는 대로 모든 것을 자발적으로 바치자 하나님은 다른 모든 것들을 깨끗하고 거룩하게 구별하십니다. 우리가 자원하는 마음으로 아낌없이 바쳤기 때문입니다. 하나님이 우리의 전부를 이처럼 완전히 소유하고 계시기 때문에 이제부터는 왕이 그의 자원하는 백성을 대하듯이 우리를 대해 주십니다.

이것은 온전함을 얻는 가장 확실한 지름길입니다. (또한 나는 이것이 아마도 **유일한** 길이라고 말해야 할 것 같습니다.) 하나님의 권능에 당신의 마음을 내어 드리십시오. 그리하면 하나님이 기뻐하시는 대로 그 마음을 처리하실 것입니다.

그렇게 할 만큼 관대한 사람이 자신을 제거했습니다. 또 그렇게 하면서 그의 온전함을 가로막던 가장 큰 적을 떨쳐 버렸습니다! 그 사람은 기꺼이 하나님의 손안에 자신을 맡겼기 때문에 자기에 대한 모든 권세를 잃어버렸습니다.

그러나 그는 자기의 권세를 자발적으로 하나님께 드림으로 잃어버린 것입니다. 그는 자유를 (애초에 그에게 자유를 주신 분인) 하나님께 구별하여 돌려 드리는 것보다 더 거룩하고 의롭게 혹은 유익하게 사용할 수가 없었습니다. 이것은 그가 신실하지 않았기에 자유를 돌려달라고 요구할 수 없다는 말이 아닙니다. 자유를 온전하게 바치는 사람은 극히 드뭅니다. 대부분이 무언가를 감춰 둡니다.

그러나 이 온전한 희생을 한 번에 드린다면, 바로 그 순간에 우리는 온전해질 것입니다. 하나님의 뜻이 아무 저항 없이 역사하고 통치하는 곳에 온전하지 않은 것이 남아 있을 수 없다는 것이 진리입니다.

이런 물질적인 예물들은 하나님이 우리에게 간절히 바라시는 영적인 제사의 모습을 보여 줍니다. 이런 제사를 이해하고 기쁨으로 드리는 자들은 매우 행복한 사람들입니다.

하나님이 우리 안에서 회막의 일을 수행하시게 하려면, 우리는 오직 우리 의지의 첫 열매와 우리 자신에 대한 자유로운 권리를 하나님께 바치기만 하면 됩니다. 하나님은 이 광야에서 (그리고 하나님의 백성이 거기서 취하는 안식 가운데) 모세를 통해 그리스도인의 성숙의 과제를 완수해야만 하는 모든 영적인 사람들에게 명령하십니다. 그리고 이 어둠을 통과할 만큼 충분히 이해한 사람은 누구나 이 길을 기쁨으로 여기게 될 것입니다.

회막은 하나님이 거하시는 곳입니다. 하나님은 우리가 우리의 권리들을 내어 드리자마자, 친히 우리 안에 이러한 거처를 세우십니다. 우리는 우리의 생각과 마음을 부드럽지만 확고하게 다스려 피조물들을 외면하기만 하면 됩니다. 우리의 중심에 오직 하나님만 모시기 위해 피조물들을 외면하는 것입니다. 우리의 연약함을 극복하고 하나님께 뛰어들기만 하면 거기서 필요한 모든 것을 얻게 됩니다. **그러면** 하나님이 우리 안에서 그분의 일을 행하기 시작하십니다.

하나님은 아낌없이 주시는 분입니다! 그분은 내적 왕궁을 건축하시기 위해 모든 것을 사용하십니다. 또한 그분은 자기를 사랑하는 자들, 곧 그분의 뜻에 따라 거룩으로 부르신 자들에게는 **모든 것**이 합력하여 선을 이루게 된다고 말씀하십니다 (롬 8:28).

하나님은 우리를 대적하는 모든 사람들의 악한 의도까지도 사용하십니다. 이런 악한 의도는 우리에게 고통을 주면서 성전 외부를 다듬는 망치질 역할을 합니다. 그러는 사이 하나님은 친히 그 안에서 역사하시며 거기에 그분의 장막을 세우십니다.

이 일이 이루어지도록 다시 말합니다. 모든 것을 **아낌없이** 그리고 **넓은 마음**으로 드려야 합니다. 성경은 이스라엘 백성들이 모두 즐거이 드렸다고 말합니다. 이것은 하나님이 결코 우리의 자유를 침해하지 않으신다는 것을 보여 줍니다. 그분은 사랑으로 우리를 대하십니다. 그래서 우리는 우리가 드려야 할 것을 아낌없이 드립니다.

잔느 귀용의 묵상집
Exodus_출애굽기

최고의 것들은 저마다 완성될 때와 시기가 있습니다. 자신이 소유하고 있는 것을 하나님께 바치는 것보다 더 좋은 것이 있을까요? 그런데 왜 성경은 5절에서 이스라엘 백성들이 필요한 것보다 **더 많이** 바쳤다고 말하는 걸까요? 그 이유는 일단 우리의 자유를 아낌없이 하나님께 바친 후에는, 더 이상 드릴 필요가 없기 때문입니다. 그것은 이제 우리의 것이 아닙니다! 우리가 그것을 다시 드리려면 돌려받아야 할 것입니다.

그러나 우리는 언제나 새로운 덕목을 드릴 수 있다고 말할지도 모르겠습니다. 우리가 그 나무를 소유하고 있는 한, 언제나 새로운 열매들을 드릴 수 있다는 것은 사실입니다. 그러나 우리가 그 뿌리를 넘겨준 후에도 여전히 그 나무의 열매들을 바치려 하는 것은 어리석은 것입니다. 이제 그 열매들은 그 뿌리를 소유한 주인의 것이 분명하며, 우리가 그 소유권을 돌려받지 않는 한 그것을 다시 드리기를 바랄 수 없습니다.

그러나 어린 성도들이 하나님께 자기를 계속 바치는 것은 흔한 일입니다. 어린 성도들이 이렇게 하는 데는 많은 이유가 있습니다. 어쩌면 그는 그 선물을 처음부터 온전하게 드리지 않았을지도 모릅니다. 그게 아니면 신실하지 못함으로 중단했던 헌신을 다시 시작하고 싶은 것일 수도 있습니다. 이렇게 반복적으로 드리면서 그가 하나님을 위해 행한 모든 것을 확인하고 기뻐하는 진실된 마음을 사랑으로 표현하는 경우도 있습니다. 그리고 결국은 이 사랑의 제사가 여러 차례 다시 드려지는 것을 지켜보는 것을 좋아하시는 하나님이 친히 그에게 이 예물의 확실성을 물으셨을지도 모릅니다.

모세는 진 전체에 목적대로 필요한 것들이 충분히 모였으니 더 이상 예물을 가져오지 말라는 공포를 내렸습니다. 사실상 필요한 것보다 훨씬 더 많이 모였습니다.

지혜로운 지도자이며 하나님의 길들을 잘 훈련받은 모세는 남자든(그리스도를 상징함) 여자든(교회를 대표함) 더는 예물을 바치지 못하게 합니다. 자아로 만들어진 예물은 하나님이 역사하시고 그분의 영원한 계획대로 성소를 세우실 정도로 충분합니다.

그들은 이미 하나님이 명령하신 것보다 많이 드렸습니다. 자발적 행동에 도취되면, 사실상 더는 그렇게 하면 안 되는 때에 우리 자신을 드리게 되는 경우가 많습니다. 만약 지도자들이 인내 가운데 단호하게 그것에 대해 경고해 주지 않으면, 혹은 (우리가 자원하여 드린 예물로 우리에 대한 권리를 획득하여 사용하시는) 하나님이 우리의 능력과 힘을 약화시키셔서 우리를 무력하게 하지 않으시면, '다시 드리는 것'은 항상 있을 것입니다.

잔느 귀용의 묵상집
Exodus_출애굽기

　명령하신 대로 회막이 완성되자, 하나님은 그분의 영광이 거기 거한다는 것을 분명히 보여 주시려고 곧바로 오셔서 임재로 채우십니다. 마찬가지로 하나님이 바라시는 대로 우리의 내면이 준비되면, 곧바로 하나님이 오셔서 거기 거하십니다. 하나님은 **구름 가운데** 임하시기 때문에 우리는 오직 믿음으로만 그분을 인식할 수 있습니다. 이 구름은 하나님이 아니지만, 하나님은 그 구름 **속에** 계십니다.
　이 마음의 성전 혹은 영혼의 중심이 하나님 자신으로 채워질 때, 어떤 것도, 지극히 거룩하게 보이는 것들까지도 그곳에 들어갈 수 없게 됩니다. 하나님께 속한 모든 것들은 그분이 가까이 다가오심에 따라 그분 안으로 녹아들어 가고, 하나님의 것이 아닌 것은 바깥에 남게 됩니다.

하나님의 영광이 당신 안에 거하기 위하여 들어오시려면, 마음의 성전이 온전히 비워져 있어야 합니다.

하나님이 그날에 당신을 발견하시기를 기원합니다.

PURE  NARD

PURE  NARD